Ambitious
Man

王郁陽 — 著

野心家

生命的不屈力量

信心與野心的融合，成就
非凡人生，探索內在野性，
釋放無限潛能

的智慧

雖然沒有要你使壞，但是當個「好人」絕對會很辛苦；
光是做好本分還不夠，你需要主動進攻，積極爭取！

不是你本來的地盤又如何？你沒有接觸過的東西又如何？
不斷擴張勢力範圍，才能在爾虞我詐的社會立足根基！

目 錄

第四章
這樣就是你的理想人生嗎？

第五章
偶爾「自虐」一下也不壞

第六章
你的心態還需要被「校正」

第七章
難道要一輩子當情緒奴隸？

第八章
勇者可以不再是「你朋友」

第九章
複製別人的成功

第十章
科學也解釋不了的精神力量

第十一章
就是要你超越

第十二章
你的野心夠「精準」嗎？

前言

　　「野心」這個詞相信很多讀者並不陌生，它在生活當中也經常被提及，如果在一個比較正式的場合，你誇獎一個不是很熟的朋友有「野心」，相信他肯定不會高興。因為大家覺得「野心」這個詞不是一個光明的辭彙，大家都心照不宣，還是避而不談為好。然而，如果當你誇獎某個人很有信心時，他就會很感激你，因為信心是大家公認的褒義詞，誰不想自己的事業先在道德上占據優勢啊！

　　事實也的確如此，「野心」是把雙面刃，它並沒有指明主體目標的傾向性，人們用「野心」可以去做造福他人、造福社會的事，也可以去作奸犯科，做一些破壞社會和諧的勾當。後者在人類的歷史上已有很多先例，也造成過空前的災難。所以，必須強調的是，我們這裡所指的「野心」不是指違背歷史潮流或是危害社會的妄想，而是一種積極向上的、完善自己夢想和成就夢想所需的自信和毅力，是一種以利人利己為目標追求獲得財富和充實生命的一種積極心態。我們可以把它稱做「健康的野心」。這種「野心」有時比信心更為重要，原因在於信心決定你是否有勇氣去做，而野心決定了你能把事業做多大。在市場經濟時代，誰的「野心」大，誰分到的蛋糕也就更多。「健康的野心」人人都可以擁有，但並不是每個人都能擁有。因為在有些人的心裡，從來沒想過自己會成功，更確切的說他們缺

少一顆渴望成功的「野心」。

那到底什麼是野心？它在一個人的生活當中到底具有什麼樣的作用呢？讓我們先讀一個故事：

在法國，有個窮困潦倒的年輕人，生活一直很艱苦。後來，他以推銷裝飾肖像畫起家，在不到十年的時間裡，迅速躍身為法國五十大富翁之列，成為一位年輕的媒體大亨。不幸的是，他因罹患前列腺癌，不久便在醫院去世。之後，法國的一份報紙刊登了他的一份遺囑。在這份遺囑裡，他說：「我曾經是一位窮人，在以一位富人的身分跨入天堂的門檻之前，我想把自己成為富人的祕訣留下。誰若能透過並回答窮人最缺少的是什麼，而猜中我成為富人的祕訣，他將能得到我的祝賀。我留在銀行私人保險箱內的一百萬法郎，將作為揭開貧窮之謎的人的獎金。也是我在天堂給予他的歡呼與掌聲。」

遺囑刊出之後，總共有四萬多個人寄來了自己的答案。這些答案五花八門，應有盡有。絕大部分人認為，窮人最缺少的當然是金錢了；有了錢，就不會再是窮人了。另有一部分人認為，窮人之所以窮，最缺少的是機會。窮人之所以窮，是窮在沒有機遇上面。又有一部分人認為，窮人最缺少的是技能。一無所長，所以才窮。有一技之長，才能迅速致富。

在這位富翁逝世週年紀念日上，他的律師和代理人在公證部門的監督下，打開了銀行內的私人保險箱，公開了他致富的祕訣，他認為：窮人最缺少的是成為富人的野心。在所有答案中，有一位年僅九歲的女孩猜對了。為什麼只有這位九歲的女

孩想到窮人最缺少的是野心呢？她在接受一百萬法郎的頒獎之日這樣說：「每次，我姐姐把她十一歲的男朋友帶回家時，總是警告我說不要有野心！不要有野心！於是我想，也許野心可以讓人得到自己想得到的東西。」

一個人的「野心」靠什麼建立，為什麼在對待事業上，有些人充滿「野心」和活力，而有些人則沒有？美國加州大學的心理學家迪安・斯曼特研究發現，「野心」是人類行為的推動力，人類透過擁有「野心」，可以有力量獲取更多的資源。

人不但要有野心，還要將野心化為實際行動，這樣，你才可能開創出自己的一番事業來。在生活中，如果你沒有野心，對做人和做事都抱以得過且過的心態，什麼事都想一勞永逸、小富即安，那樣的人生不是太單調了嗎？人生是個大舞臺，心有多大，舞臺就有多大。野心，一次次創造了奇蹟，又一次次締造了永恆。我們的生活需要野心，每天才會有五彩繽紛的心情；我們的事業需要野心，才會不斷激勵自己努力向上，取得事業的成功。

在人生路上，有的人轟轟烈烈，創造出非凡的業績；有的人平庸，碌碌無為；有的人空懷滿腹才學而一事無成；有的人雖出身卑微卻一步步踏上人生的巔峰。這絕非「機遇」二字所能囊括的，唯有擁有一顆「野心」，才能讓你永遠向著理想飛翔。

第一章
你的生活太過拘謹

現實世界裡，沉重的人際關係、無處不在的潛規則，巨大的社會壓力，使人的野性在道德和各種規則的名義下遭受壓抑。然而，人的野性能壓抑得住嗎？壓抑人類的野性真的符合人本性的發展嗎？或許不然，哲學家尼采曾說過：「人可以在他的野性中，最有效的從他的矯揉造作中復原，尋找毫無禁忌的心靈自由出路，用一種強大的生命力和內在自由來反抗現實中的束縛和無趣。」

第一節
激發你的野性，拋開束縛展翅翱翔

　　三百萬年前，類人猿是人類的祖先，他們生活在非洲的茂密叢林裡，和其他動物一樣，他們的生存始終是與飢餓、殺戮、死亡等一些野蠻的辭彙相伴的。這裡沒有秩序，沒有規則，沒有同情，「弱肉強食」是他們唯一的信條。只要你有一個強壯的身體和強大的頭腦，就可以為所欲為，且不受任何法律的約束。經過漫長的演化，特別是對用火技術的掌握，使人類逐漸走出了野蠻，一步一步的邁入了文明社會。從整體上來看，人類的歷史就是從野蠻到文明、從低級到高級的一個發展過程。那麼，在進入文明的社會後，人的那些野蠻的獸性是不是就消失了呢？顯然不是。

　　現代社會學中，人的本質屬性可以劃分為兩類；人性與獸性。這裡不是指人的自然屬性和社會屬性的劃分，而是對人的本質屬性的一種兼顧自然屬性與社會屬性的一種認知。有一名言說：「人一半是天使，一半是野獸。」

　　人的獸性在現代社會中，由於受到法律和道德等多方面的制約在逐漸消退，這是人類幾千年文明史的發展成果。雖然文明社會不歡迎獸性，但如果一個人有點野性，他的身上也因此多了幾分可愛。那什麼是野性呢？野性原指難以馴服的生性或喜愛自然、樂居田野的性情。因此野性的實質是不被現實束

縛、勇於創新、勇於挑戰、頑強打拚、堅持不懈的性情。具有這種性情的人，會在別人看不到的機會找出自己的奮鬥目標，會在別人猶豫的時候踏出自己奮鬥的步伐，會在別人羨慕的時候奏出更強的生命之音。具有這種性情的人才知道生命是屬於自己的，機會是該把握的，成功是奮鬥出來的，也只有這種性情的人才知道，世上無難事，只怕有心人。

野性不是胡為，不是盲從，不是孤注一擲，不是獨斷專行，野性必須建立在一定的能力、一定的智慧、一定的敏銳上。能力是行動的後盾，只有堅實的本領才能有行動的信念，所以，生活中我們至少要保證自己有一技之長或一專多能（具備專業知識，又要能適應社會多方面的能力）。智慧是行動的風帆，只有堅實的本領我們才能在奮鬥的道路上走得更遠。敏銳是行動的探測器，只有敏銳的直覺，才能找到別人發現不了的機會，給自己先覺和先行的權利。聯想到當今社會中出現的大學生「草莓族」的現象，筆者認為這是一種很片面、經不起推敲的觀點。很多大學生都認為，自己的父母花了很大的心血供出來的高材生，自己的能力和智商不適合做薪水只有法定基本薪資的工作，他們更希望有更高薪資或更好條件的工作來迎合他們。

當然，這也不能完全怪他們，當一個社會還停留在「萬般皆下品，唯有讀書高」和「學而優則仕」的思想氛圍中，加上社會轉型時期所出現的「暴發戶」現象。使得人們對知識和文化認知發生了很大扭曲，很多人認為賺錢才是人生的終極意

義，那些以前被奉為天之驕子的大學生自然就成了這個時代種種制度和現象背後的「犧牲品」。從這一點來看，大學生們內心的委屈和苦楚是可以理解的。

然而，話也可以反過來說，現在滿街都是大學生的時代，讀了大學就代表你有能力嗎？即使有一定的能力，有一定的智慧，也有一定的敏銳性，可是，倘若不肯打拚，沒有野性，沒有敢想、敢闖、敢做的突破精神，要想成功也並非易事。不可否認，不羈的個性，已成了現代社會一個強有力的生存和競爭手段。一個人要想讓自己成為做事的高手和勝利者，要被人尊敬，就要用自己的與眾不同來說話，這種與眾不同必須打破常規，以自己特有的敏銳的直覺，去尋找自己的目標。

人類社會就是一個巨大的現代化叢林，沒有野性，你就只會循規蹈矩的生活，安於現狀，沒有創意，沒有豐富的想像，沒有對未來生活美好的憧憬，於是做什麼事也就沒有動力，沒有想像力，沒有創造力，生活也就會變得平庸，完全被社會和環境主宰，甚至完全沒有自己的個人意願，隨波逐流。如果留心一下身邊的人就會發現，他們中不乏才華橫溢、聰明絕頂之人，但由於他們缺乏野性，缺乏內心的熱情，最終讓夢想在現實中完全落空了。在都市生活中，男人的野性漸漸失去，變得文雅、變得紳士。這是社會的進步，歷史的必然，但凡事適可而止，不能過了頭。男人的文雅不應該是軟弱。不是欺下媚上，不是低眉順目，更不該是笑裡藏刀。男人做紳士也不是去當老好人，不是危難之時袖手旁觀，不是見死不救。

　　男人是應該有些野性的。這裡的野性不是一言不合、拔刀相向的兄弟義氣；不是戀愛不成、立變仇敵的衝動，更不是「我是流氓，誰怕誰」的大男子主義。這裡的野性是指那種男人應有的獨立、自信、豪爽大度、疾惡如仇、敢作敢當、拿得起放得下的品德。一個人有點野性未必是件壞事，在這競爭激烈的時代，要想活得精采，要想不斷拓展自我的生存空間，就必須時刻提醒自己：活著要有野性，野性成就人生。

第二節
叢林狂歡！動物國度裡的超級法則揭曉！

曾有人這樣定義叢林法則：說它是自然界裡生物學方面的物競天擇、優勝劣汰、弱肉強食的規律法則。它包括兩個方面的基本屬性。一是它的自然屬性；另一個是它的社會屬性。自然屬性受大自然的客觀影響，不受人性、社會性的因素影響。自然界中的資源有限，只有強者才能獲得最多。

叢林法則也是人類社會要遵守的生存法則。大到國家之間、政權之間的競爭，小到企業之間、人與人之間的競爭，都要遵循叢林法則，至於競爭結果，那就看各自的實力、智慧、手段和改造世界的能力了。俗話說的「大魚吃小魚，小魚吃蝦米」，就是對這叢林法則現象的最通俗描述。

自然界中存在叢林法則是必然的。因為，整個自然界的生存資源在總數上是有限的，為了生存和繁衍後代，自然就會出現有我沒你、有你沒我的競爭，實力不夠的生物只好被淘汰，成為食物鏈上上一級生物口中的食物。叢林中，不僅只有血肉模糊的弱肉強食，互利互惠也是叢林法則的重要內容，和其他生物合作未嘗不是一個明智的選擇。魚類和鳥類的群居可以壯聲勢，以避免出現被強者全體消滅的慘境；一隻狼面對更強大的對手或許勢單力薄，而一群狼則天下無敵，誰也惹不起。可見，互利互惠的目的是為了獲得更多、更好的資源，是為了達

到一種雙贏的局面。這也是叢林法則。叢林中的強弱位置不可能永遠不變，你只有抓住一切機會，磨練意志、強健身體，才能在競爭中獲勝。

據動物學家指出，人類職場的生存環境和叢林的相似程度遠超過一般人的認知。工作場合常碰到不可理喻的老闆、咄咄逼人的同事，以及老是諂媚上司的卑鄙小人。而這些角色，在叢林的動物王國裡也是屢見不鮮。

英國媒體也報導說，英國《新科學家》雜誌的一項調查研究發現，訪問包括靈長類專家在內的動物學家後，得出了「辦公室生存環境有如叢林」的結論，並列出了適用於辦公室環境的六條「叢林法則」，這些法則包括：

第一條：先道歉不丟臉。一旦發生爭吵或者大打出手的事情，誰會第一個出面消除敵意呢？對於靈長類動物來說，誰將成為和解行為的發起者在基本上因種而異。雌狒狒之間經歷了一場戰事後，勝利者會走到失敗者身邊，溫柔的發出呼嚕聲化解仇恨。黑猩猩經常用擁抱和親吻的方式結束敵對狀態。動物專家們表示，及時修補關係可以減輕壓力並減少事後怒火再燃的機會。

第二條：自私自利沒人理。有人在非洲的烏干達讓一群雄性黑猩猩去執行一項任務，剛開始時，牠們對合作夥伴並沒有表現出任何偏愛之情。但很快牠們就意識到，一個占據領導位置的黑猩猩不能只考慮自己，此時牠們便會決定與一個更友善的黑猩猩合作，因為在執行這項任務前，後者經常是等待同伴

作出選擇。辦公室更提倡利他行為。

第三條：合作雙贏是「硬道理」。野心勃勃的人喜歡一個人打天下，但對靈長類動物來說，沒有聰明的團隊協作能力，抱負就如同紙上談兵。志在推翻「猴王統治」的雄性黑猩猩通常會和其他黑猩猩聯合起來抗爭，作為回報，這個新猴王會以美食和交配特權犒勞牠的幫手。所以如果你看見有人因為升職而怒火中燒時，請記住單靠自己是爬不上去的。如果這個人來找你幫忙的話，就把它當做對自己未來的一筆投資吧！

第四條：領導不能「張牙舞爪」。並非只有人類的領導者有時會失去理智，在「叢林政治」中占統治地位的雌性狒狒會隨意對挑戰牠權威的下屬展開攻擊。地位顯赫的雄性黑猩猩也許是每個公司老闆的榜樣，牠們透過保護弱者利益，贏得支持，同時尋求種群的穩定。侵略性與威嚇性的老闆行為或許會讓人們戰戰兢兢不敢越軌，但卻會對員工士氣造成毀滅性影響。

第五條：不以「討價還價」為恥。不公平的感覺並不是人類特有的。僧帽猴在得到不公平的待遇時也會有這樣的感受。研究人員發現，在教牠們用小石子交換食物時，如果研究人員給一隻猴子一串葡萄，卻給另一隻猴子換了一根黃瓜，猴子們就會不滿甚至罷工。

第六條：拍幾句「馬屁」也無妨。大家都很厭惡辦公室裡的「馬屁精」，但溜鬚拍馬卻是叢林中精明的處事之道，愛奉承老前輩的動物總有所收穫。科學家對十四隻猴子和類人猿的研究證實了一個道理，即「你敬我一尺，我敬你一丈」。那些總是

討好同族的靈長類動物在爭鬥中獲得更多幫助。有時，「馬屁精」在爭鬥中會倒向更有權勢的人，重要的是自己還不用參與這場爭鬥。

除此之外，在動物界中，每一隻動物權力不一，同樣的事情，有些動物做了無所謂，但對有些動物來說就可能意味著滅頂之災。不明白叢林法則的動物，往往會犯認不清自己的角色定位的錯誤。同樣，在人的職場上，不同層次的員工，主管或老闆的要求是不一樣的。不存在完全平等這一說，現在的很多公司都處在激烈的競爭當中，稍有不慎就會被競爭對手擊敗，企業在這樣的大環境下，對自己員工的要求肯定也是很現實的。由此來看，處理好企業內部的管理問題是非常重要的。所以，這就要求每一個員工對自己有個清楚的角色定位，定位準確了，那一切便能順水順風；定位錯誤，那工作起來將會舉步維艱。儘管大家同在一間辦公室裡，儘管大家薪資都差不多一樣。但是，必須了解到，你只能在自己的位置上做事或犯錯，突破了「角色定位」這個界限，就意味著你完了。那些不明白主管為什麼突然對他大發肝火的人，那些接到裁員通知目瞪口呆的人，他們往往只不過是突破了自己的職場定位，受到了責罰卻仍然懵懂不知。

所以，認清自己在職場叢林中的位置，避免犯一些不符合自身角色的愚蠢錯誤，這將對穩定你的職場生涯大有益處！

第三節
強者不分你我他，你也可以是最強大的一環

英國著名小說家、詩人，1907 年諾貝爾文學獎獲得者吉卜林曾為他十二歲兒子寫了一首勵志詩，詩的名字叫〈如果〉，全詩雖短，卻闡述了一條怎樣成為「強者」的深刻道理。詩的內容是這樣的：

如果在眾人六神無主之時，你能鎮定自若而不是人云亦云；

如果被眾人猜忌懷疑時，你能自信如常而不去妄加辯論；

如果你有夢想，又能不迷失自我；

如果你有神思，又不至於走火入魔；

如果在成功之時能不喜形於色，而在災難之後也勇於咀嚼苦果；

如果看到自己追求的美好破滅為一堆零碎的瓦礫，也不說放棄；

如果辛苦勞作已是功成名就，為了新目標依然冒險一搏，哪怕功名化為烏有；

如果你跟村夫交談而不變謙恭之態，和王侯散步而不露諂媚之顏；

如果他人的意志左右不了你；

如果你與任何人為伍都能卓然獨立；

如果昏惑的騷擾動搖不了你的信念，你能等自己平心靜

氣，再作應對！

那麼，你的修養就會如天地般博大，而你，就是一個真正的男子漢了，我的兒子！

如果任何人能真正做到上述幾點，那麼他就是一個真正的強者。是的，想成為一個強者，首先內心就得強大起來，有一種容量和氣度。無論外界怎麼變化，只要內心強大，就什麼都不用怕了。這種由內而外散發出來的魅力，才是我們真正要練習的。那麼，在生活中，想成為一個真正的強者不妨從以下兩方面去做：

一方面，要掌握做人的智慧。要懂得人情世故，其實我們這一輩子不就是在做人嗎？要以一顆理解和寬容的心去對待他人，每個人所做的事情一定有自己的原因，大千世界有美好就有醜陋，然而每個現象背後的本質是一樣的，不要被千變萬化的表象所迷惑，覺得不可理解和捉摸，一旦你掌握了本質，萬變不離其宗，就能很智慧的對待人和事了。要做到這些，讀書是種不錯的方法。書是以智慧的語言去詮釋人性，書中的人物往往經歷不凡，但是又是發生在我們身邊的事，作家往往寫出了芸芸眾生的想法，以及他們自身經過很長時間所得到的經驗，這些都是難得的人生養分。

另一方面，要有積極的心態。人們常說，思想決定行動。其實，有時行動也可以改變思想。從這一點上來講，在做一件事情時，無論你有多麼消極，首先要表現得積極起來，你就真的會由外而內的積極起來的。時間長了，大家也都願意跟你交

往，你自己也就變為一個積極、樂觀、陽光的人了。多留意身邊的人和事，他們肯定有值得你學習的地方，只要勤加學習和實踐，你就一定可以成為理想中的強人，一定會成功。除此之外，要想成為一個強者，還應該做到以下幾個方面：

第一，忍得住孤獨。人生想要獲得成功，必須忍得住孤獨。尤其是在創業之初，很多時候為了達成目標，可能別人在休息時，你還一個人在默默無聞的付出。這種過程是非常孤獨的，但如果能挺得過去，你將會比別人取得更大的成功。

第二，耐得住寂寞。為了生活、為了工作、為了事業，往往很多時候我們都不能陪在親人朋友的身邊，而是必須占用很多的休息時間和與家人團聚的時間。

第三，挺得住痛苦。人生道路並非一帆風順，一路上難免會有很多坎坷、淚水、痛苦。痛苦之後往往會有兩種結果：一是萎靡不振；二是更加強大。你會選擇哪一種結果？

第四，撐得住壓力。沒壓力就會沒動力，大家都知道這個簡單的道理，但是很多人卻在遇到壓力時選擇了逃避和放棄。只有當我們擺正心態，坦然的面對壓力時，才會給我們的成長和發展注入無限動力。

第五，擋得住誘惑。做人做事必須堅守自己的理想和原則。只要我們所堅守的是正確的事情，哪怕會有短暫的痛苦，也應該堅持下去；如果我們所做的是錯誤的事情，哪怕會得到短暫的快樂，也應該堅決拒之！

第六，經得起折騰。每一次的失敗、每一次的淚水和汗水

總是在不斷的折騰著我們。因此讓我們的發展道路充滿荊棘，但經過無數次的折騰才會讓我們從中深刻的體會到生活的真諦，我們試問自己能經得起折騰嗎？當經歷無數次的折騰後，我們還能堅持嗎？

第七，受得起打擊。當面對他人一次又一次的冷嘲熱諷時，當面對客戶對我們一次又一次的打擊時，我們能經受得起嗎？我們是否還能保持最初的熱情，同時堅守自己的目標？我們是否還能保持不放棄努力而是持續不斷的努力？在市場開發中，當客戶毫不客氣拒絕你時，你會以怎樣的心態來對待這些？

第八，丟得起面子。面子是自己給自己的，不是別人給的。害怕丟面子會讓自己丟一輩子的面子，害怕失敗會失敗一輩子！害怕丟面子往往帶來的結果是打腫臉充胖子，會讓自己更加痛苦，從而丟掉更大的面子，讓自己陷入一種惡性循環！

第九，擔得起責任。「責任」一詞在生活、工作中都隨時被我們掛在嘴邊，屢見不鮮。責任分為三種：家庭責任、企業責任、社會責任。在家庭中我們扮演著兒女、父親、丈夫、妻子等角色；在企業中我們扮演著員工、管理者或者老闆的角色；在社會中我們扮演著公民、律師、老師、企業家等角色，總之每個人在不同的場合都扮演著不同的角色。

第十，提得起精神。當我們在連續多天加班或超負荷工作後，是否能提起精神為了自己目標而繼續衝刺？世界是修練之場，塵事是修練之境。我們要利用每一件事來修練自己的意志。

第四節
心野得強，人生越野越有趣

俗話說：「不想當將軍的士兵不是好士兵。」在職場也是如此，沒有野心的員工很難取得事業上的成功。心理專家研究顯示，「野心」是成功的關鍵心理因素。

如果狼失去了野心，將會變成一條搖尾乞憐的狗。如果人失去了野心，又怎麼會有動力開創自己的事業？愛默生說過：「當一個人知道自己的目標去向時，這個世界就會為他讓路。」羅馬帝國的崛起是這句話最好的證明。

馬丁·路德曾經說過：「世界上的每件事都是那些懷著野心的人做成的。」劉秀有野心，光復了漢朝；亞歷山大大帝有野心，建立了馬其頓帝國；拿破崙有野心，從一個默默無聞的士兵，最後做到了法國皇帝。這些人成功的原因就是他們擁有野心。

野心其實就是一個遙不可及的夢想，你要敢想、敢做，才能將野心變為現實。在每一個擁有野心的人的血液裡，奔湧的是狂野的秉性，在他們的胸膛裡，搏動的是一顆不安分的心。人不僅有野心，還要付諸行動，不斷把夢想變成現實，不斷擁有更大的野心。就像狼群從一次次飢餓中覓食的訣竅。野心使我們在每一次嘗試中尋找錯誤，精益求精，使夢想最終成為現實。

想成功，有「野心」才行。有心理專家研究顯示，「野心」是成功的關鍵因素。「野心」到底靠什麼建立？為什麼在對待事業上，有些人充滿「野心」和活力，而有些人則沒有？「野心」是如何形成的？美國《時代》雜誌加拿大版曾刊文提到，美國加利福尼亞大學的心理學家迪安·斯曼特研究發現，「野心」是人類行為的推動力，人類透過「野心」，可以有力量攫取更多的資源。當然，也必須承認，「野心」從某種程度上來講，是一個「零和遊戲」，你多占了資源，別人所擁有的就少了。根據這種說法，大家應該都有「野心」才是。但事實上，人與人在「野心」方面有很大差別。這些差別引起了人類學家、心理學家和其他學者的關注，他們力圖從家庭出身、社會影響、遺傳及個體差異上尋求答案。

從家庭出身來講，出生在窮人家的孩子，要為生存而憂慮，可能與生俱來就有「野心」，但也不排除悲觀失望，不思進取者。在富裕家庭長大的孩子，可以獲得的東西雖然很多，但也有懶惰、揮霍無度的人。總之，研究顯示，上層社會之所以有相當大比例的人有「野心」，有錢不是主要原因，家庭影響和父母對孩子成功理念的灌輸具有重要作用。

從社會講，環境也對人的「野心」有很大影響。這和家庭有些類似，就是當一個人與社會環境相接觸時，如果他總是遇到有「野心」的人，那他也會產生做一番事業的想法，如果他身邊都是一些沒有理想、沒有「野心」、得過且過之輩，即使他有「野心」，也會被人譏笑為瘋子，久而久之則打消念頭。

從遺傳方面，斯曼特認為，「野心」可能是會遺傳的。這意味著，如果你的家族很有「野心」，你可能天生就具備這份素養。人的性格也會影響「野心」。有些人總對自己的事業和生活不滿，他們總有一種憂患意識，正是這種意識讓他們產生焦慮感，容易在生活中尋求過度補償而顯得「野心」勃勃。你的心有多大，人生的舞臺就有多大。而決定你命運的關鍵就在於你是否有野心，是否有做富人的野心。窮人為什麼一輩子窮困潦倒？富人為什麼一生都能享受榮華富貴？因為窮人缺少做富人的野心。

沒有「野心」、沒有目標的人是不會去努力的。為了做好事業，我們一定要懷有「野心」，要有做事業的目標，對於未來要抱有良好的願景，只要可能，都不妨嘗試，要善於抓住每一個可能成功的機會，這樣才能更好的發展自己。

第五節
生命大冒險，競爭就是我們的生存挑戰

　　所謂競爭，即是人與人之間、人與組織之間，或組織與組織（企業、政黨、民族、國家等）之間的相互爭鬥。人生在世，結成群體，形成組織，構成民族與國家，關係越來越複雜，達到的生活水準也越來越高。可是，在我們生活的地球上，資源是非常有限的，社會中的關係、資訊、產品等也是有限的，人們為獲取更多資源，相互之間的競爭便不可避免了。早在十九世紀中葉，思想先驅嚴復先生將英國博物學家達爾文的著作譯為《天演論》，出版之後，有關「物競天擇」、「適者生存」、「優勝劣汰」等口號就成為了耳熟能詳的教條，不僅成為社會發展的法則，更演變為許多人生活中的法寶和人生中的至理。

　　時至今日，市場經濟的規則滲透一切。人與人之間的、組織與組織之間的競爭更趨激烈，甚至白熱化了。如公司企業之間在產品及服務等方面你死我活的價格戰，人們疲於奔命的陷入各級各類的考試、選拔的漩渦之中；還有那「你唱罷來我上場」的種種人生競爭的悲喜劇不停的上演等等，都讓人們深切的感受到在社會生活中，在人生道路上，「物競天擇」的自然界規律也是社會的普遍現象。人間的競爭雖然不像肉食動物那樣鮮血淋淋；但卻是將對手逼得走投無路，最終退出社會與人生的競技場，其痛苦在某種程度上，可以說毫不亞於競爭中失敗的動

物在對手那可怕的巨齒下瞬間的死亡。

激烈的人生的競爭，固然也給許多人帶來成功的喜悅，但同時給另外的人也帶來深深的痛苦。也許，競爭失敗帶給人的痛苦比之競爭成功給人的喜悅要大得多。因此，這種從物競天擇的自然規律出發形成的那種你死我活式的「競爭的人生」，在現代社會中，應該有所轉變，應轉變成為一種雙贏式的「競爭關係」。

這種關係具體說來就是要求人們既要有爭強好勝、勇於擔風險的精神，更重要的是還要有團結合作的精神、與人為善的品德，特別是與自己競爭而非與他人競爭的新競爭觀。也就是說，人們要想獲得發展空間、得到理想的工作和報酬，所採取的競爭態勢，不是向外，總是憂慮於別人的競爭優勢，總想靠壓住、擠垮、踏住別人來獲取自我的成功；而是求之於內，確立自我的高標準，不斷的超越自我原有的層次，從知識、素養、能力、境界等各個方面不斷的提升自我。透過這種與自己競爭的過程達到更強、更有能力、更能把握機遇，從而實現心中的理想，獲得自我發展空間，得到滿意的生活水準。

我們每個人都是社會中的競爭者，然而同樣是競爭，人與人之間也是有一定差別的。高水準的人為了在社會中找到更高點而競爭，甘於平庸則心甘情願的守著自己的「責任」。因此，我們看到的社會是非常有趣的。這裡既有許多努力奮鬥的人，也有不少無所事事的人。努力的人有兩種企圖，一是保證現在的自己；二是創建最新的自己。無所事事的人，有兩種可能，

一是表面上沒有努力，而事實上在背地裡面努力，這種人非常可怕；二是已經基本定位，所以想停止。而這兩種人最終的人生的好和壞並沒有太多可比性，因為，命運和追求存在著差異，本身在社會中的地位也同樣的存在著差別。

競爭是無處不在的，無處不在就注定了只有堅持到最後的才是強者，也只有積極的參與到競爭過程中，直到取得勝利才叫做成功。其間無論失敗多少次，沒有人會因為你的難受和苦悶而感到同情和憂傷，這是人與人之間最殘酷的東西。所以，只有微笑著參與到競爭中去，你才會收穫自己的人生。曾有這樣一句話：「你經常與什麼樣人在一起和每天所做的事情，將最終決定你會成為什麼樣的人。」這句話解釋了一個淺顯的道理，一個人所在環境對他是否擁有競爭意識也很重要。

因此，競爭就是持久的努力。為了自己一個又一個理想而不斷的努力奮鬥，這一點很重要，它是一個人安身立命之本，也是飛黃騰達的必要途徑。

第六節
血路，通往勝利的獨特之路

在瞬息萬變的社會發展和市場中，有利的機遇隨時可能變為不利的挑戰，不利的局面也有可能瞬間變為有利的機遇。關鍵在於，做事要有「敢想一尺，敢做一丈」的精神。在現代社會中，只有敢想敢說敢做，才能成就一番大事業。沒有這種氣魄，即使機遇來到你的面前，也很難把握住它。

一個人有多大膽量不是遺傳的，關鍵在於自己是否能戰勝各種困難，積極迎接各種挑戰。當然，膽子要大一點不是說要粗枝大葉、盲目蠻幹，也不是說只求前進而不管實際。那不是敢作敢為，而是莽撞蠻幹。生活中有野心的人在機遇降臨時總會放大膽子一試身手。這類人多數聰明能幹、嚴於律己。

許多人沒意識到自己的潛力，過度謹慎就是其中最大的原因。他們知道自己能做得更好，但從沒有放大膽子往前衝。同那些成功的人相比，他們有同樣的能力，但卻甘願屈居下風，他們看見機遇但不去抓住它們，他們看到老朋友成功了就納悶為什麼自己不行，他們有時也有一些「賺百萬元的念頭」，但就是不採取行動。在這種情況中，是傳統的觀念在作怪：「不要魯莽行動，這裡很可能有危險不要去嘗試」。在面對是否採取行動的問題上，特別是這種行動涉及冒險時，猶豫不決就會坐失良機。

　　人生短暫，千萬不要被自己的怯懦所束縛，要為自己心中的信念而努力。抱著一種「天再高，地再廣，我也要去闖一闖」的信念，把勇氣和智慧當做前進的雙槳，勇敢去創造屬於自己的天空。不要輕言放棄，否則對不起自己！現在還在等什麼，趕快背起行囊，為心中的信念而揚帆起航吧！

第七節
野心大開，做人別小看自己

　　一個人的野心越大，收穫的也會更多，野心有多大，獲得的成功就有多大。在成功的旅程中，時常要伴隨一定的風險，那些胸無大志，膽小如鼠，掉個樹葉也怕砸到腦袋的人是很難通關的，更不要說去摘取成功樹上那些誘人的果實了。而那些胸懷野心，勇於冒險，具有不尋常的膽識和氣魄的人卻是別有一番收穫。

　　哥倫布是舉世聞名的航海家，美洲大陸的發現者。取得這一偉大創舉的背後，源於他一顆強大的野心 —— 尋找東方的財富。

　　哥倫布於西元 1451 年出生在義大利的熱那亞城。那時，歐洲各地正掀起航海探險的熱潮，而熱那亞這個城市的航海事業是非常發達的。年輕時的哥倫布讀到一本叫《馬可‧波羅遊記》的書，書中把東方描述成為遍地是黃金的世界，這激起哥倫布前往東方去冒險的野心。不久，地理學家們又提出地圓學說，更堅定了他的信念。他們堅信只要一直向西，就能達到馬可‧波羅所描述的遍地黃金的東方世界。

　　於是，哥倫布於西元 1486 年來到了西班牙，對西班牙國王講述了他要開闢新航路的計畫。當時發達的西班牙正熱衷於對外擴張，所以哥倫布的主意受到了西班牙國王的讚賞。西班牙

國王和哥倫布在 1492 年 4 月 17 日簽訂了一個協定，協定規定哥倫布出海的一切費用都由西班牙支付，哥倫布享有將來那些新發現島嶼和土地的統治權。新土地的總收入的二十分之一歸哥倫布所有，但西班牙享有新土地的所有權。哥倫布接受了這一條款。

　　西元 1492 年 8 月 3 日黎明時分，被西班牙國王授予海軍上將、新發現土地上的終生總督、世襲總督的哥倫布，從巴羅斯港出發，開始了這次冒險之旅。

　　剛開始幾天，船隊在波濤洶湧的大海裡一帆風順。但在 8 月 6 日，「平塔」號的轉向舵跳槽脫位，後又發現船漏進水。船隊不得不到加那利群島停下來整修，同時補充食物、飲水。船隊在加那利群島經過一個月的修整和進一步準備之後，在 9 月 6 日，離開了舊大陸的最後一片海域，駛向茫茫未知的大洋。船隊越行越遠。當最後一片陸地的影子在視線中消失時，許多船員都哭泣起來。此刻站在「聖瑪麗亞」號上的哥倫布望著那漫無邊際不知情況的海洋，心情也許是複雜的。但是，神話般富庶的東方 —— 印度、中國、日本，那金燦燦的黃金在激勵著他，吸引著他。向西航行，開始一路順風，航行順利，大洋上的景致優美動人。清晨，一輪紅日被東邊的海浪輕輕托起，曙光將天空雲朵染成玫瑰色，那一望無涯的湛藍色的大海，就像一匹閃光的藍色錦緞，這如畫般的景色伴著海員們向西航行。9 月 16 日，他們看到一綹綹翠綠色的海草，乍看之下，好像是剛從陸地拔下來扔在水中。海草越來越多，大家欣喜得以為船隊

已接近島嶼。殊不知,他們的船不是接近陸地,而是開始進入大西洋中一個奇特的海域 —— 馬尾藻海。馬尾藻海的面積大約有九百萬至一千萬平方公里。這裡有大量自由漂浮無性繁殖的原始藻類。它的深度,最淺處有一千五百公尺,最深處在七千公尺以上。船隊直到 10 月 6 日才駛出困擾了他們有二十天的馬尾藻海域。在此期間,有時由於海上風平浪靜船隻幾乎是紋絲不動停滯不前;有時卻波濤洶湧,使大家驚訝不已;有時海上出現海市蜃景的「陸地幻象」,使大家空喜歡一場。時間一天天、一週週過去,哥倫布和船員們所見到的除了藍天、白雲、碧波和狂風惡浪外,沒有看見任何陸地的影子。海上航行已整一個月,人們渴望見著陸地,然而霧海茫茫,杳然難覓。人們在孤寂、困惑、煩躁之中,忍耐似乎已到了極限。10 日,旗艦「聖瑪麗亞」號上的船員們發生騷動,人們聚集在甲板上,嚷著叫著要返回西班牙。哥倫布在當天的《航海日誌》中寫道:「人們抱怨這種漫無時日的遠航,說對這種遠航的困難不能再忍受了。我千方百計鼓勵和安慰他們,使他們懷有美好的希望,能在不久的將來得到很多好處。」並向眾人表示:如果三天之內還看不到陸地,就立即返航。就在這關鍵時刻,11 日,海上出現了飛鳥,牠們繞著船帆盤旋飛行,人們在海裡發現了許多綠色的蘆葦。「平塔」號的人撈起一根小棍,一根藤莖。「尼尼」號海員撈到一根帶有花朵的樹枝……這些告訴人們離陸地不遠了,大家都非常高興。哥倫布也異常興奮,在艦橋上踱來踱去。晚上十點,他發現遠方彷彿有一個「像燈籠似的東西,一

會被舉起，一會被放下」，它是陸地近在咫尺的跡象，並確信離岸不遠了。哥倫布再也按捺不住內心的激動，夢想就要成真了。10 月 12 日凌晨兩點，航行在前面的「平塔」號桅杆頂上的瞭望哨，藉著月光發現前面有一片「白色的沙丘」，一瞬間又發現南邊一道白色的閃光，兩者之間有一片黑色的礁石，他驚喜而又慌張大叫：「陸地！陸地！」呼叫聲驚醒了其他船員，大家頓時激動起來，互相擁抱、親吻，發瘋似的跳躍。太陽升起時，一個小島清楚的展現在探險者們的面前，經過七十一天的艱辛航行終於找到了夢寐以求的陸地。這裡樹木蔥綠，水源豐富，碩果累累。哥倫布將這個島取名為「聖薩爾瓦多」（西班牙語意為「神聖的救世主」）。這就是今天巴哈馬群島中的聖薩爾瓦多島（San Salvador Island），又名華特林島。當天上午，除了留下幾名船員看守船隻外，其餘船員隨哥倫布捨舟登岸，並舉行了莊嚴的占領儀式，宣布該島為西班牙國王占領。島上的居民熱情的接待了他們。

西元 1493 年 3 月 15 日，哥倫布帶著掠奪來的財富和十個印第安人回到了西班牙的巴羅土港。他宣稱發現通往印度航路的消息轟動了整個歐洲。西班牙國王封哥倫布為西班牙的貴族，給了他很高的禮遇。

哥倫布雖然沒有到達夢寐以求的「東方」，卻無心插柳的發現一個前人從未去過的世界 —— 美洲大陸，儘管他當時並不知道這件事，而後來世界的發展證明了他的這一舉動對人類的意義。是野心成就了哥倫布，使這個名字名垂青史。野心在最

關鍵時刻給了哥倫布支撐的力量，並幫助他的團隊克服一切困難，到達了勝利的彼岸。試想如果哥倫布沒有一顆強大野心的支撐，就不會有後來的發現，這個世界可能就是另一番模樣了。

一些研究創造行為的心理學家，將「野心」看作一種最具有創造性的興奮劑，他們認為「野心」是充滿活力的東西，野心能促進人們的自我實現。一位哲學家說：「自我實現是人類最崇高的需要之一。」它是人生的興奮劑，是一種抑制人們半途而廢的內在動力。自我實現的欲望越是強烈，一個人在他的生活旅途中就越是信心百倍、成績卓然。

第八節
天生我材，才華是獲得獵食工具的先決條件

　　上天創造了你，就賦予了你一個獨特的天賦。也許你必須經過一段奮鬥才能發掘出來。也許我們現在還很差，也許我們缺乏自信，也許別人不喜歡我們或者瞧不起我們。不要傷心，也不要氣餒，如果你這樣，只會讓別人更瞧不起你。現在很差，沒關係，以後加倍努力學習就行；沒有自信，信心可以慢慢培養；別人討厭我們，沒關係，改變自己讓別人喜歡；別人瞧不起我們，沒關係，我們要自己瞧得起自己。命運掌握在自己的手裡，而不在別人嘴裡。

　　天生我材必有用，而且還要把這份「材」用好，不要浪費掉這份寶貴的福分。人只要來到這個世上，就必然擁有一方天地。不要在意別人的眼光，不要在意自己的過去。我們的過去是抹不去的記憶，我們的現在是應面對的現實，我們的未來是憧憬中的幻影。放下心裡的包袱，嘗試著去改變自己。在這個世界上，只有自己才是真正的救世主，如果面對眼前的困難你只是抱怨或一味的哀嘆自己命不好的話，那是很難有所進步的。只有真正改變了自己，讓自己真正適應了環境，那麼不管你走到哪裡，你都會是生活中的強者。

　　有一隻烏鴉打算飛往東方，途中遇到一隻鴿子，雙方停在一棵樹上休息。鴿子看見烏鴉飛得很辛苦，關心的問：「你要飛

到哪裡去？」烏鴉憤憤不平的說：「其實我不想離開，可是這個地方的居民都嫌我的叫聲不好聽，所以我想飛到別的地方去。」鴿子好心的告訴烏鴉：「別白費力氣了！如果你不改變你的聲音，飛到哪裡都不會受到歡迎的。」

如果你無法改變環境，唯一的方法就是改變你自己。接觸的人多了，就會聽到一些抱怨聲，是固守自己本來的狀態，還是積極改變自己、去適應周圍的環境和人？這就有了兩種不同的選擇和行為方式，也會造就不同的結果：平庸或出眾。埋怨環境不好，常常是因為我們自己不好；埋怨別人太狹隘，常常是因為我們自己不夠豁達。就好像埋怨天氣太惡劣的總是那些抵抗力弱的人。更有效、更實際的做法是，先從改變自己做起，給自己一個新的起點。

美國有一位偉大的哲學家威廉‧詹姆斯曾經說過：「我們這一代最偉大的發現是，人類可以經由改變態度而改變自己的生命。」就像兩個囚犯都透過監獄的窗向外看去，一個看到星星，一個看到泥巴。其實窗外的景象都是一樣的，關鍵就在於調整自己的目光角度。

當我們能夠獨立思考自己的人生的時候，我們的生命至少已經度過了十餘個年頭。在過去的日子裡，我們的身上不可避免的帶著許多缺點和毛病，是讓它們繼續像老朋友一樣如影隨形的跟著我們，還是改掉它們，這是你自己可以選擇的。不要讓它們繼續阻攔你走向成功了，從今天開始改變自己，每天都給自己一個嶄新的開始。

　　其實，人從來到這世上的那一刻起，就注定要面對這個世界的一切。開心、快樂、悲傷、痛苦都是人生的一部分，成長的過程就是一個不斷改變的過程。在人生的道路上，每一步足跡，就有一滴汗水；每一點收穫，就有一份付出。天下不會掉下餡餅，你也不可能不勞而獲，要想有獲得就先要付出。老天是有情的，因為他鍾情於有準備的人；老天也是無情的，因為不屑於懦弱的人。生命對每一個人來說都只有一次，我們在無知中誕生，在求知中成長，正因為如此我們的生命才顯得有意義。生命中的每一個過程都是唯一的，錯過了就無法重新來過。所以我們首先要做的事，就是好好珍惜眼前的每一分每一秒，不要無知的蹉跎歲月。充分的利用一切時間，學習各種知識來充實自己。在這個世界，沒有一條比腿更長的路，也沒有一座比人更高的山。

　　人生從開始的那一刻起，就不可能風平浪靜，跌宕起伏是不可或缺的生命元素，遭遇困難和挫折更是再正常不過的事。只不過在困難面前，勇者常常為自己找方法，懦弱的人常常為自己找藉口。而一時的失敗並不可怕，可怕的是從此一蹶不振。在這個世上，每個人都應該正確的定位自己的位置。人的自知之明能讓我們在人生的道路的走得平穩；人的自尊自信使我們勇於挑戰；人的樂觀心態能令我們積極的面對人生。每天笑容多一點，人生自然就會快樂一點。

　　過去之所以叫過去，是因為我們已經經歷了；將來之所以為將來，是因為它還沒有來到。對過去的輝煌留戀，對未知的

將來幻想是愚者的行為，智者只會把握現在。相信自己，加倍努力，正確定位，因為天生我材必有用。

第二章
你其實不會做人

　　魯迅先生曾說過：「一定要有自信的勇氣，才會有創造的勇氣！」自信心是一種積極的心理素養，是人們開拓進取、向上奮進的動力，是一個人取得成功的重要心理素養。「野心」在許多人的心目中是貶義的，「野心家」也為大家所不齒。當然，這裡的「野心」不是指違背歷史潮流的妄想，或是危害社會的惡人，而是一種向上的、完善自己的夢想，再加上成就夢想和目標的自信和毅力。野心是信心的孿生兄弟，也是野心的源頭！

第一節
擁有大智慧，做人簡單又聰明

做人做事是每個人日常生活中不可或缺的一門功課，而這一功課的核心就是人與人之間的交往。自我的發展、心理的調適、資訊的溝通、各種不同層次需要的滿足、人際關係的協調，都離不開人際交往。每一個人，都希望善於交往，都希望透過交往建立起和睦的家庭關係、親屬關係、鄰里關係、同學同事關係，而這些良好的社會關係可以使個人在溫馨的環境中愉快的學習、生活和工作。在如今越來越複雜的社會裡，要想更好的生存和發展，必須首先學會做人之道。成功的機會對每個人都是均等的，你不可能從機會上尋找差別，你唯一能勝過別人、與眾不同的地方就是你做人的方式了。如果你不懂得做人的「智慧」，就會處處碰壁，達不到應有的辦事效果，不僅影響你與他人關係的和諧程度，還影響自身事業的發展。

談到做人的智慧，筆者想起兩則小故事：

德國柏林空軍俱樂部舉行盛宴招待空戰英雄，一位年輕的士兵斟酒時不慎將酒潑到烏戴特將軍的禿頭上。頓時，士兵悚然，會場寂靜，倒是這位將軍悠悠然。他輕撫士兵肩頭，說：「老弟，你以為這種治療能再生頭髮嗎？」會場立即爆發出了笑聲，人們緊繃的心弦鬆弛下來了，盛宴保持了熱烈歡樂的氣氛。試想，烏戴特將軍若認為酒潑頭上有損尊嚴，嚴詞訓斥、

大發雷霆，將軍在酒宴上將會給人們留下一個多麼糟糕的形象！所以後人評點他不愧是一位「智慧將軍」。

英國王室為了招待印度當地居民的首領，在倫敦舉行晚宴，身為皇太子的溫莎公爵主持這次宴會。宴會上，達官貴人們觥籌交錯，相談甚歡，氣氛融洽。可就在宴會快要結束時，出了這麼一件事：侍者為每一位客人端來了洗手盤，印度客人看到那精巧的銀製器皿裡盛著亮晶晶的水，以為是喝的水呢，就端起來一飲而盡。溫莎公爵神色自若，一邊與眾人談笑風生，一邊端起自己面前的洗手水，像客人那樣自然而得體的一飲而盡。接著，大家也紛紛效仿，本來要造成的難堪與尷尬頃刻消弭，宴會取得了預期的成功，當然也就使英國國家的利益得到了進一步的保證。

倘若溫莎公爵在宴會上糾正客人的錯誤而在銀盤裡優雅的洗手，整個宴會將會烏雲密布。所以，一位陪酒大臣說，當溫莎公爵拿起銀盤飲水時，他看到了智慧閃光。做人的本質就是與人交流，掌握與人交流的藝術，將會對你的人生和事業達到很大的促進作用。所以，每個人都應該掌握一些溝通方法和技巧，使自己成為生活中的主角。良好的人際關係往往是從良好的溝通開始的，良好的溝通就必須遵循以下幾個必要條件：

首先是「尊重」。相信每個人都有著各自獨特的成長背景與生活經驗，因此都有獨特的想法與需求，這些想法和需求是獨一無二、不可取代的，只有懷著這樣的心態才能接受彼此的差異及不同。

其次是「真誠」。其實每個人都是敏感的，都希望與他人以誠相待，如果有人言行不一、有口無心，就會讓人感覺到這樣的溝通是沒有誠意的。有效的溝通，最重要的就是要能尊重、真誠一致與有足夠的同理心。有同理心的人，能夠站在別人的立場上，用別人的眼睛來看、用別人的耳朵來聽、用別人的心來體會他人的世界。在這樣的溝通過程中，試著去了解對方的感受、感覺或情緒以及行為表現，如此才能深切了解他人眼中的世界與意義。

最後是「傾聽」。因為溝通中，「聽」比「說」重要得多，這就是人為什麼只有一個嘴巴而有兩隻耳朵的原因所在。如果每個人在講話以前，都能夠站在對方的角度想一下，相信許多失敗的溝通都可以避免了。除此之外，還應該遵循這麼幾條原則：一是充分尊重對方的內心祕密或隱私；二是會話交談時，目光注視對方；三是在聽到對方的內心祕密後不要把內容洩露給他人；四是不在背後批評別人，保住對方的顏面。你對人真誠，別人也會以誠相待的。生活的大海豐富多彩又波光詭譎，做一個駕馭生活、創造生活、美化生活的高手，就必須擁有超人的智慧。

紀伯倫說：「大智慧是一種大涵養，有涵養的人才善於學習，我們從多話的人那裡學到了靜默，從褊狹的人那裡學到了仁愛。」讓我們在生活中學得更智慧、更灑脫一些，「做一個播種友誼和理想的大量君子」。

第二節
誠信是通往成功的捷徑，拿出真心換來勝利

　　人是社會化的動物，生活在社會中就要與人交往，交往當中如果失去了誠信，那整個社會將處於混亂的狀態。一個有野心的人在商業社會中更需要講究誠信，累積自己的人緣，以此來編織自己邁向成功的人脈網路。誠信，顧名思義：誠實、誠懇，講信用、守信義。一個人只有忠誠老實、誠懇待人，才會取得別人的信任；只有講信用、守信義，才會贏得身前身後的信譽。人生的旅途中，誠信猶如人的靈魂，有了誠信，才會有絕處逢生時的援助之手；有了誠信才會有真誠友誼的安慰；有了誠信，才會有爬出深淵、走向光明的機會。

　　古語云：「索物於暗室者，莫良於火；索道於當世者，莫良於誠。」誠實，就是原原本本的一個自己，不偽裝、不做作。守信就是忠誠老實，不講假話，重信用。誠實和守信是互相連繫在一起的，誠實是守信的基礎，守信是誠實的具體表現；不誠實很難做到守信，不守信也很難說是真正的誠實。誠信是千百年來人與人相處的一條基本原則，也是傳統道德的重要內容之一。真實的人，不假不欺，言行一致，表裡如一，襟懷坦蕩，光明磊落；誠實的人，總以其真實的一面出現在世人面前，總能贏得世人的信任；誠實守信的人，總以極其負責的態度對待別人，以極其嚴格的要求對待自己，不管遇到什麼困難和險

阻，總是言必信，行必果。

縱觀古今中外，誠實守信都是英雄豪傑們成就大業的根本，無論是儒家還是道家，無論是墨家還是法家，誠信總是君子身上最重要的美德。

春秋時期，王室衰微，諸侯爭霸。各諸侯國為了爭奪霸主地位，紛紛參與到爭霸戰爭中來，兩百多年間，諸侯們打了四百多場大戰。到春秋末年一百多個諸侯國已銳減到二十幾個了。到了戰國初期，比較大的諸侯國只剩下七個了，這七個國家分別是：齊、楚、燕、韓、趙、魏、秦，史稱「戰國七雄」。秦國是七個諸侯國中最弱、最被別的諸侯國看不起的，年僅二十一歲的秦孝公即位時，面對自己的處境和地位非常著急。為了求得有識之士的幫助，他向天下發布了求賢令：「各個諸侯都看不起我們，這是秦國莫大的恥辱！有能出謀劃策讓秦國強大的人，我封給他高官，還賞賜給他封地。」秦孝公的求賢令，引來了戰國時期最著名的法家代表人物——公孫鞅，也就是常說的商鞅。

商鞅來到秦國，與秦孝公長談三次，最後說得秦孝公心花怒放，連連稱是，兩人大有相見恨晚之感。秦孝公很想支持商鞅在秦國的變法圖強，但這有損秦國貴族的利益。為避免貴族們的反對、干涉，秦孝公決定先召開宮廷辯論會，在辯論會上，商鞅舌戰群雄。秦孝公看到商鞅才華出眾，當時就任命商鞅為左庶長，主持變法。獲得了秦孝公支持的商鞅，並不急於發布新法令，而是先到都城南門外，在很多百姓面前立了一根

高的木頭桿子。並且貼出告示，聲稱：誰能把這根木頭扛到北門去，就賞他十兩黃金。不一會，城門口就聚了好多人。大家都想得到金子，但沒有人相信這是真的，都怕扛了木頭又沒錢，自己累倒不要緊，關鍵是怕成了別人的笑柄。商鞅知道老百姓不相信他下的命令，就把賞金提高到五十兩。可是賞金越高，大家就覺得不合理，仍舊沒人敢去扛木頭。俗語說：「重賞之下必有勇夫。」過了一會，終於有個人從人群裡擠出來，他挽起衣袖，把木頭扛起來就走，一直扛到北門。商鞅立刻傳令賞給他五十兩黃金。這事傳出後一下子轟動了整個秦國，老百姓都說：「左庶長真是說到做到，有了這樣的長官可好了。」 第二天，大夥兒又跑到城門口看到沒有木頭。大家沒發現木頭，卻看到了商鞅變法的新法令。新法令規定官職的大小和爵位的高低以打仗立功為標準。貴族沒有軍功的就沒有爵位；多生產糧食和布帛的，免除官差；凡是為了做買賣和因為懶惰而貧窮的，連同妻子兒女都罰做官府的奴婢。法令裡有許多獎勵窮人的條文，但沒有一個人懷疑這個法令的真實性。於是，老百姓努力耕田織布，願意參軍打仗，靠英勇殺敵、多立戰功來贏得地位和財富。秦國出現了前所未有的新氣象。

　　商鞅的成功源自於做人的誠信。如果說當時商鞅的誠信是有一定的政治目的的話，那麼，現代人的誠信受益的則完全是自己。誠信是為人處世的一種美德，是人性最高的境界。誠以養德，信以修身。生活中的一個承諾或身邊的一件小事，就能折射出一個人的修養，顯現出其人格魅力。人性的光榮與尊嚴

不在於一個人的精明，而在於他是否誠信，人性的醜惡中沒有
比虛偽和背信棄義更可恥的了。誠信比一切計謀都好用，而計
謀離開了誠信的支撐，也會變成無用武之地的廢品；誠信是考
察一個人的為人的一項最基本的標準。

第三節
身邊的機會像流星一樣閃耀

　　人們常說，人的一生中最關鍵的就那麼幾步。在我們的生命長河中，一般只有屈指可數的幾個關鍵的轉折，它可以大大改變我們人生的航向。對每個人來說，幾乎都是如此。而如何面對這樣的機遇，決定了我們人生未來的不同。機遇主要是指良好的、有利的機會。俗話說的「千載難逢、天賜良機」就是指機遇。機遇的產生和利用都需要有其主客觀條件。從主觀條件講，機遇只降臨有準備的頭腦；從客觀條件講，機遇的產生和利用需要良好的社會環境。機遇的產生是主觀、客觀相互作用的結果，既有其必然性，也有其偶然性。只有抓住機遇，才能使機遇由可能性向現實性轉化。我們就來看一下一些大人物是怎樣等待和抓住自己身邊的機遇的。

　　東漢末年，劉備攻打曹操失敗後，投奔荊州的劉表。為了日後成就大業，他留心訪求人才，並請荊州名士司馬徽推薦。司馬徽說：「此地有『伏龍』、『鳳雛』，二人得一，可安天下。」劉備多方打聽，得知「伏龍」就是諸葛亮，此人隱居在襄陽城西二十里的隆中，住茅廬草棚，耕作自養，精研史書，是個傑出人才，便專程到隆中去拜訪。劉備和關羽、張飛帶著禮物到隆中（今河南南陽城西）臥龍崗去請諸葛亮出山輔佐他。恰巧諸葛亮這天出去了，劉備只得失望的回去。不久，劉備又

和關羽、張飛冒著大風雪第二次去請。不料諸葛亮又出外閒遊去了。這次張飛本不願意再來，見諸葛亮不在家，就催著要回去。劉備只得留下一封信，表達自己對諸葛亮的敬佩和請他出來幫助自己挽救國家危機的意思。過了一些時候，劉備吃了三天素，準備再去請諸葛亮。關羽說諸葛亮也許是徒有虛名，未必有真才實學，不用去了。張飛卻主張由他一個人去叫，如他不來，就用繩子把他捆來。劉備把張飛責備了一頓，又和他倆第三次訪諸葛亮。到時，諸葛亮正在睡覺。劉備不敢驚動他，一直站到諸葛亮自己醒來，才彼此坐下談話。後來，諸葛亮成為劉備的主要謀士，幫助劉備東聯孫吳，北伐曹魏，占據荊、益兩州，北向中原，建立蜀漢政權，形成與東吳、曹魏三國鼎立的局面。

諸葛亮出山輔佐劉備，應該說是二人雙贏的結果。假如劉備在第二次之後就灰心了不再請了，那對諸葛亮也是一大損失。為什麼呢？可以分析一下當時的環境，如果投靠曹操，曹操本人就很聰明，而且手下很多謀臣，在真實歷史上這些謀臣都是很出名的。在這麼一個實力很強的團隊，諸葛亮加入，只能作為一個補充，不可能完全發揮他的能力，別人也不可能全聽他的，他就無法自由發揮了。東吳的孫權呢，是屬於家族模式管理，不可能容得下一個外人來做主，再說，那邊的謀臣也不少，特別是還有一個周瑜，所以諸葛亮知道自己去了也沒用武之地。劉備請他時，劉備手頭上就是張飛、關羽，雖說都是萬人莫敵，但在諸葛亮看來不過是有勇無謀的武夫而已。好在

劉備是個胸懷大志，且求才若渴之人，諸葛亮看準劉備就是最適合自己的老闆，只有投靠劉備，才能施展才華、建功立業。如果錯過了這次機遇，「諸葛亮」這三個字很可能就會在歷史中被湮沒，這種人在歷史上還是挺多的。所以諸葛亮決定出山輔佐劉備，至於為什麼還要三請，那只是諸葛亮試探劉備的求才之心而已！

人生中，抓住機遇並且成功的人，不算很多，但終生沒有遇到機遇的人，又的確很少。現實中，許多現實中不得意的人，都會講到自己當年如何如何的放棄了絕佳的機會，要不然的話，自己會怎樣怎樣的。機遇常在，機遇和把握機遇的智慧卻不常有。所以，不成功的人永遠比成功的人要多得多。機遇對主動者就是成功的火種，對被動者可能就是災難。要抓住機遇，首先必須發現機遇。生活中處處充滿機遇。社會上的每一項活動，報刊上的每一篇文章，人際中的每一次交涉，生活中的每一次轉折，工作上的每一次得失等，都可能給你帶來新的感受、新的資訊、新的朋友，都可能是一次選擇、一次機遇，是一次引導你衝破人生難關的契機。問題在於你是否能發現每一次機遇。不要以為機遇難尋，其實機遇就在我們身邊，甚至就在我們的手上。

機遇具有隱蔽性，它是隱藏著的；機遇具有潛在性，它等待開發；機遇具有選擇性，它只是那些在追求中、動態中、在捕捉中。你是被動的等待還是主動的追求？等待機遇不像是等待班車，準點車就來，機遇是看你的等候狀態，是否碰上了機

遇，是否抓住了機遇，是否錯過了機遇，是否再也沒有機遇，
這些往往是由自己決定的。

第四節
堅持三連發，不懈奮鬥攀爬巔峰

生活中，有些人總是有各式各樣的目標，甚至是宏偉的目標。但是到頭來還是庸庸碌碌一生，無所作為。其關鍵還在於沒有實踐好自己的目標，有目標沒實現，再大的目標也只能像空中樓閣存在於幻想之中。要想把一件事做成功，既需要有堅實的基礎為後盾，也需要有遠大的志向為指引，以意志與堅持為動力，一步一步，從量變到質變會帶我們接近自己夢想的。這其中，志向與意志是相輔相成、缺一不可的。

一個人一旦認準了一件事，就堅持做到底，直到有所收穫。事實上，很多人實現不了自己的目標，基本上就是少了一種堅持和把事情做到底的精神，他們往往淺嘗輒止，因此眼睜睜失去了可能到手的成功。很多事情的成功取決於堅持的毅力。看準了的事情，如果沒有百折不撓的堅持，很難取得成功。看準的事情就不屈不撓的堅持做下去直至成功才是智者的唯一選擇。每一個人都明白所有夢想的實現都需要努力，然而，很多人之所以沒有實現心中的夢想，就在於多了空想和猶豫，少了努力和堅持。

某校長曾講過這樣一段話，他說：「我有一個同學專門研究歷史，這本來不算什麼，但是由於他研究的時間很長，而且研究得很深很透，最後就被美國一家大學的教授看上了，邀請他

過去讀博士。他在美國讀了四年博士，寫了兩本研究中國現代史的專著，最後留在了那所大學當教授，憑著這個能力，他就可以換取自己生活所必要的資源，而且可以繼續潛心於自己的研究。我到美國去看他的時候，發現他汽車、房子都有了。現在讓我們來簡單的對技能做一個概括，技能就是抓住一個自己最喜歡研究的東西，一直研究到底，直到全世界都公認你在這方面的能力為止，這時你就達到了此項能力的最完美境界及權威。」

任何人的命運都掌握在自己手裡，你要成為一個什麼樣的人，取決於你是否堅持走自己選擇的路。著名作家冰心曾說過：「成功的花兒，人們只驚於她現時的明豔，殊不知，她當初的芽兒，浸透了血和淚花。」沒有堅持到底的信心只能徘徊於成功的門外。成功就像美豔的花，需要辛勤的培育，這是一個不斷追求、堅持到底的過程。

堅持就能成功，成功貴在堅持。珍貴的雪蓮總開在萬丈冰崖之上，只有那些不畏嚴寒、堅持不懈的人才能得到；絕美的風景總藏在陡峭的險峰之巔，只有那些勇於攀登、不斷超越的人才能欣賞到。

成功是經受住冰刀霜劍的洗禮，從堅硬的土壤中鑽出的第一棵新芽；成功是穿越了狂風巨浪的阻擋，安全抵達海港的風帆。成功的獲得，需要一種百折不回的自信。其實，人生的過程就是一個不斷堅持、不斷累積的過程。「合抱之木，生於毫末；九層之臺，起於壘土；千里之行，始於足下。」只要有不

斷堅持走下去的決心和毅力，每個人都能夠抵達心中的目標！莫焦躁，莫驚慌，莫灰心，沉著冷靜，奪取最後的勝利。

　　人應當有百折不撓的精神。生命像一粒種子，只有今生才能耕種，把握今生今世！持之以恆、永不放棄是所有有「野心」成大業者的共同個性特徵。他們不管遇到多少艱難險阻，不管遇到多少譏諷反對，總是會矢志不渝的堅持下去。辛苦的工作不會使他們煩惱，惡劣的處境不會使他們氣餒，反覆的探索不會使他們厭倦，迷人的誘惑不會使他們動搖，無情的打擊不會使他們改變。不懈追求、永不放棄，已成為他們生命中的一部分，只要生命不息，戰鬥就會不止。

第五節
活出個性，讓生命更加繽紛多彩

現實生活中，每個人都有自己的個性，但有的人個性鮮明，有的人卻顯得缺乏個性。除了他們自身的原因外，筆者認為，客觀環境也有很大影響。自古以來就講究「存天理，滅人欲」的哲學思想，先不去深究這樣做到底是利是弊，但就從人性本身來講，每個人都有自己的個性，是符合人性發展需求的。

個性是一種自信。有個性者能夠辨明是非曲直，能夠掌握人生的方向。絕不怯怯懦懦、隨波逐流、違心逢迎、八面玲瓏。個性是一種積極上進的勢能。擁有個性的人往往有事業心，不畏艱難困苦，樂於奮發上進，以笑容面對人生。個性是一種品質。有個性者往往注重道德修養、潔身自好，時有良心發現；會不斷剖析自己，完善自我。個性是一種才氣，也是一種節操和意志。孔子有個性，屈原有個性，陶淵明有個性，李白有個性，魯迅有個性，名人志士無不脫俗超凡，個性十足。說到個性，還有一個人不得不提，他就是香港著名的喜劇電影演員 —— 周星馳。

有人說：「世界上的電影可以分為兩種，一種是有周星馳的電影，一種是沒有周星馳的電影。」當無數的星迷開始用這樣的標準來劃分電影類型的時候，電影明星周星馳對於電影的影響可見一斑。從 1990 年代開始，周星馳幾乎成了香港喜劇的代

名詞，他所特有的喜劇風格使得「無厘頭」這一名詞真正進入了喜劇的世界，同時也進入了觀眾的視野，並且成為喜劇中最有代表性同時也最具有香港特色的一支。「無厘頭」原是俗語，意思是一個人做事、說話都令人難以理解、無中心思想，其言語和行為沒有明確的目的，粗俗隨意，亂發牢騷，莫名其妙，但並非沒有道理。轉嫁到電影中的無厘頭，便成了「惡搞」的代名詞。無厘頭表現在周星馳的電影中，是一種無根情懷下用以宣洩的娛樂的狂歡。

在周星馳的電影裡面，我們看到這一切都受到他的無情嘲笑和鄙夷。對宗教的顛覆展現在《大話西遊》裡面，菩提老祖並沒有佛的犧牲精神，而是見不妙就逃的俗人；展現在《食神》裡面，是把大師的法號叫做「夢遺」。周氏所做的一切努力，不過要把宗教的神聖面具揭穿，他們不再是遠離人間煙火的聖潔人物，而是與凡人一樣是有情有欲的，周氏顛覆了宗教，不過不是以啟蒙運動理性的形式，而是世俗、本真的生活。

對道德說教的否定展現在囉唆的唐僧上，唐僧的說教用「only you」唱出，本身就是一種諷刺。其中所隱含的是：為什麼要對我說教？你認為自己掌握真理，我是一個蒙昧的凡人，這種傲慢本身就是對我的否定，我拒絕說教，是為了拒絕你對我的鄙夷。如羅蒂所說：「在這個文化中，無論是牧師，還是物理學家，或是詩人，還是政黨都不會被認為比別人更理性、更科學、更深刻。」

周氏的私人敘事往往以小人物的身分出現，在這個世界

上，總有一群人游離於主流之外，如傅柯所揭示的，人類用共識把人分為「正常」、「異常」，異常的人被隔離在社會之外，然而他們真的異常嗎？傅柯告訴我們，不！真正異常的是那些正常的人，如果自我異化成為一種普遍認可的狀態的話。異常的人，往往是沒有被真理、權力、金錢異化的本真的生命！在《喜劇之王》裡面，讓觀眾感動的是周星馳飾演一個跑龍套的小演員，他被人招之即來，揮之即去，甚至被賣便當的人看扁，但是他仍然堅持自己的夢想，仍然固執於自己的生活軌跡，他是如同關漢卿說的「蒸不熟、煮不爛、捶不扁、炒不爆、響噹噹的一顆銅豌豆！」周星馳電影用私人敘事打碎了宏大敘事，把被異化的生命還原，把人的本質力量從神聖形象奪回，無疑具有極高的藝術價值，而不是簡單的搞笑。

二十多年來，周星馳以自己獨特的魅力走出一條深受觀眾喜愛的電影新風格，周氏風格已成為香港電影的一個新的代名字。截至 2011 年，華語片香港票房的 TOP 50 排行榜中，「雙週一成」（周星馳、周潤發、成龍）的影片占了三十九部，為 78%，其中由周星馳主演的影片就有《功夫》、《少林足球》等十八部，占了 36%，且在 TOP 20 中周星馳有十部影片入圍，這可以說是香港電影的一個奇蹟，儘管他從影以來主演的影片只有大約五十部。

周星馳在「戲」中塑造了自己的「周氏風格」，但我們的生活畢竟不是演戲，無須用太多的脂粉去塗抹自己，無須戴上「面具」去「逢場作戲」！想笑就笑，想唱就唱，活得樸素自然，活

得坦坦蕩蕩。這就是舒心，這就是快樂，這就是瀟灑！自己有多大「能量」，能做出多少成績，應該有個自知之明。當然，我們應努力在平淡的時候去爭取輝煌；而在輝煌的時候，也應清醒的看到山外有山，並非「老子天下第一」。這樣就避免了浮躁，避免了錯誤。所以，只要我們一生都在腳踏實的去做事，即使創造不出什麼輝煌，也能感受到生活的真實、追求的快樂，也就能「得魚固可喜，無魚亦欣然也！」人生載不動太多的煩惱和憂愁！唯有內心坦然，才能無往而不樂。如果我們能夠持有一顆平常心，坐看雲起雲落、花開花謝，就能獲得一份雲水悠悠的好心情。如果我們能以這種最美好的心情來對待每一天，則我們的每一天都會充滿陽光、洋溢著希望。

人只能活一次！千萬別活得太累！快樂要懂得分享才能更加快樂，美好的生命應該充滿期待的驚喜和感激。既然人只能活一次，就應該活得舒心、活得快樂、活得真實。

第六節
知識是野心的翅膀，飛向夢想的高峰

當今社會最注重什麼？人才！因為人才是促進社會發展的動力，只有掌握了足夠的知識，才能成為人才，成為對社會有用的人。反之，我們就很難被社會認可，終將被社會所淘汰。一個有知識的人能改變自己的命運，一群有知識的人能改變國家的命運。

知識就是力量，是徹底改變個人命運的第一推動力。在當今知識經濟時代中，誰擁有知識、才華就等於把握住了自己命運的方向。相反的，誰的大腦一窮二白則只能輸於他人。總之一句話，知識改變命運。拿破崙曾說：「真正的征服，唯一不使人遺憾的征服，就是對無知的征服。」可見，知識是多麼的重要。拿破崙在征服無知獲得知識之後振興了法蘭西，用自身活生生的事蹟詮釋了他所說的名言。是的，征服無知就是獲得知識，獲得知識就能主宰命運。古今中外，世間最璀璨、最明亮的那顆明珠恐怕就是「知識」了。在華人的世界裡，「李嘉誠」是個響噹噹的名字。這不僅僅因為他是擁有個人財富最多的華人，還在於他作為一個成功商人背後的聰明與智慧。身價317億美元（2019年富比士統計）的李嘉誠曾講過一句話：「知識改變命運。」他的人生軌跡也許正是這句話最好的詮釋。

1928年，李嘉誠出生於廣東潮州，父親是小學校長。1940

年為躲避日軍的侵略，全家逃難到香港。兩年後，父親病逝。為了生計，李嘉誠被迫輟學。1950 年，年僅二十二歲的李嘉誠在筲箕灣創辦長江塑膠廠。1958 年，李嘉誠開始投資地產市場。1972 年長江實業上市，其股票被超額認購六十五倍。1979 年，「長江」購入老牌英資商行「和記黃埔」。1984 年，「長江」又購入「香港電燈公司」的控股權。1960 年代中期，香港地產業陷入低谷，李嘉誠大膽投資地產，1979 年，收購「和黃」進入港口運輸業。至 1995 年 12 月，長江實業集團三家上市公司的總市值已超過 420 億美元。在 1960 年代，「超人」進入香港地產，狂賺了三十年；1996 年，李嘉誠控股的和記黃埔在英投資，組建了電訊公司 ORANGE（柳丁）並上市，總投資 84 億港幣。隨後，ORANGE 公司在「超人」的運作下成為英國排名第三的行動電話經營商。其後，和黃決定分拆上市，賺回 41 億港幣特殊收益，將以前投資收回過半。1999 年，又以 1,130 億港幣為代價，出售 ORANGE 四成多股份給德國電訊財團，並與該財團進行換股，成功入主德國電訊財團，成為單一持股的最大股東。在這筆交易中，李嘉誠的成本幾乎是零，而回報是一千多億港幣的現金和大筆的股權。從貧困少年到「塑膠花大王」，從地產大亨到救市的白衣騎士，從「超人」到新經濟的領袖，從管理大師到傳媒高科技寵兒，李嘉誠依靠著自己特有的傳奇智慧和勤奮，成為了華人商業史上的「神話」。

俄國作家屠格涅夫曾有一句名言：「知識比任何東西能給予人自由。」而在知識爆炸、創新一日千里的當代，知識的廣度

延伸到社會生活的各方各面，知識可具體成智商（IQ）、情商（EQ）兩類，擁有兩大法寶，就有如龍泉劍在握，諸葛亮再世，執牛耳而行天下。

「書山有路勤為徑，學海無涯苦作舟」。希望每一位以野心為動力、追求上進的人以苦作為行舟，遨遊知識海洋，暢想知識殿堂。人生須臾，在這個知識創造價值的激烈競爭年代，擁有知識才華則海闊憑魚躍，天高任鳥飛。「莫等閒，白了少年頭」，相信知識的力量便能走出人生的輝煌。

第七節
寬容他人，讓心靈擁有更大的空間

　　美國作家馬克·吐溫曾講過這樣一句話：「一隻腳踩扁了紫羅蘭，它卻把香味留在了你的腳上。」是的，這就是紫羅蘭對踩扁它的那隻腳的寬容。寬容是什麼？寬容就是寬大、有氣量、不計較、不追究的意思，寬容還意味著尊重、信任、理解和溝通。但是，在現今的快節奏的社會裡，許多人忽視了「寬容」這兩個字，跟別人錙銖必較，結果致使很多不該發生的悲劇發生了。所以寬容這一美德不應該丟棄，而應該繼續發揚下去，因為寬容是一束陽光，它將照亮每個人的心靈，使人與人之間的關係更為友好。

　　寬容，是一種修養，寬容是一種境界，寬容是一種高度。古往今來，凡是成大事者，必然有一顆寬容的心。然而，在現實生活中，不是每個人都能做到寬容，因為人的本性都是自私的，趨吉避凶是每個人的本能反應。我們經常能夠看到身邊的一些人有斤斤計較、耿耿於懷、嫉妒、愛挑剔、好鑽牛角尖等狹隘心理，這種性格的人往往是固執己見，聽不進他人之言，在交往中容易傷害他人的感情，使人際關係惡化。同時，這種性格還會給自己帶來很多無端的煩惱，影響自己情緒和自身形象。這種性格的人要想在事業上獲得成功，就必須在生活和工

作中嚴格要求自己，努力去改掉這些影響成功之路的絆腳石。具體說來，可以從以下幾個方面去做：

第一，嘗試擺脫以自我為中心的態度和思維模式，從他人的角度去看周圍的世界，設身處地去理解體會他人的言行、態度，積極參加團體活動和社交活動，多接觸人，多與人交往，一個閉門不出，缺乏同他人的交往的人，別人一般也不會來與你攀親結友。人只有融入大集體中，才會得到知己，才會心情舒暢，才會學到更多的東西，懂得更多的人生道理。

第二，要善於悅納異見。要培養宛如海洋天空一樣的寬闊胸懷，要體會個人自身的渺小，這樣才能胸懷坦蕩而從容天地。由於人的個性不同，生活背景不同，物質基礎、文化修養不同，人與人之間難免會意見不統一，有時甚至會產生矛盾。與人交流，要求同存異，理解寬容，這樣，別人也容易接受你，願與你往來。

第三，要博學廣聞。一個努力學習、知識淵博、經歷豐富的青年就不會固守狹隘的偏見，就能高瞻遠矚，放眼四方。提高文化水準，加強道德修養，改造不良的性格。有的人已經形成了某種不良的性格特徵，例如懶惰、孤僻、自卑、膽小等，要下定決心進行「改造」。人的性格雖有一定的穩定性，但它又是可變的，只要自己下定決心去改，是能產生明顯效果的。懶漢可以成為勤奮者，悲觀失望的人也可以成為生機勃勃的人。方法有兩種：一是提高文化水準，二是加強道德修養。因為人的性格形成是受人的文化水準和道德水準影響的，有文化、有

道德的人，就有理智感，就能以正確的態度去對待現實生活，這就有助於形成良好的性格。

第四，在處理具體事務上要學會寬容，要學會以同情、博愛的態度對待他人和解決問題。不要總用負面的眼光去看待別人。受過挫折的人，往往對人總存在一種提防心理，對人總是往壞處想。這種人疑心重，心胸狹隘，辦事優柔寡斷。世界上既然有好事就必然會有不如意的事，既然有好人，就必然有一些害群之馬，但好人還是多數。因此，我們要正確的看待別人，看待我們共同生活的社會。

第五，試著去幫助別人，並從中體驗樂趣。不良性格的人。往往以自我為中心，他們對人冷漠，一般不願與人交往，生活在自我的小天地裡。要想改變這樣的性格，平常可以主動去幫助別人，因為人人都需要關懷，你去幫助別人，同樣，別人也會主動來幫助你。同時，在這種幫助中，能展現自身的價值，心情改變了，對人的看法和態度也會隨之改變，從而有利於性格的改善。

第六，有意識的進行自我鍛鍊、自我改造。人是一個自我調節的系統，一切客觀的環境因素都要透過主觀的自我調節起作用。每個人都在不同的程度上、以不同的速度和方式塑造著自我，包括塑造自己的性格。隨著一個人的認識能力的發展和相對成熟，隨著一個人獨立性和自主性的發展，其性格的發展也從被動的外部控制逐漸向自我控制轉化。如果每一個人都意識到這一變化，促進這一變化，自覺的確立性格鍛鍊的目標，

從而進行自我鍛鍊，就能使其對現實的態度、意志、情緒、理智等性格特徵不斷完善。

第七，培養健康情緒，保持樂觀的心境。一個人，偶爾心情不好，不至於影響性格，若長期心情不好，對性格就有影響了。如常年累月愛生氣、為一點小事而激動的人，就容易形成暴躁、易怒、神經質、衝動、沮喪等特徵，這是一種異常情緒性的性格。因此，要樂觀的生活，要胸懷開朗，始終保持愉快的生活體驗。當遇到挫折和失敗時，要從好的方面去想，「塞翁失馬，焉知非福」，想得開煩惱就會自然消失。有時，如果心裡實在苦惱，可以找個自己尊敬的長者或知心朋友交談，不要讓苦悶積壓在心，否則，容易導致性格的畸形發展。

第八，樂於交際，與人和諧相處。興趣廣、愛交際的人會學到許多知識，訓練出多種才能，有益於性格的形成和發展。但是，與品德不良的人來往，也會沾染不良的習氣。因此，要正確識別和評價周圍的人和事，不要與壞人混在一起，更不要加入不健康的小團體中。

人與人之間要互敬、互愛、互諒、互讓，善意的評價人，熱情的幫助人，克己奉公，助人為樂，努力做好人與人之間的關係。長此以往，性格就能得到和諧發展。一個真正做到超越了狹隘自私心態、寬容他人，才能活得坦蕩自如，在創業過程中才能真正做大、做強。

第八節
以適應力和應變力為屏障，迎接生活的不確定

俄國作家列夫·托爾斯泰說過：「世界上有兩種人，一種是觀望者，一種是行動者。大多數人都想改變這個世界，但沒有想改變自己。」有時候，我們改變不了我們周圍的環境，可是我們卻可以改變自己，改變自己看待周圍環境的心態以及目光，到那個時候，你會發現身邊每一樣事物看上去都是那麼美好的。

日本著名演員高倉健開始無時無刻不在想著有朝一日逃離不利於自己發展的環境。正是因為他的這種想法，不僅讓他賺不到錢，而且還面臨著「失業」的危機。為了生計，朋友告訴他努力去適應這個環境，要想讓環境因你而改變是不可能的。後來，他試著改變自己，讓自己逐漸融入到整個演藝圈這個大環境中去，最後，他就像一隻湖裡的魚適應了大海的環境，演藝圈任他自由的暢遊，成為了國際明星。

人存活於社會中，這本身就是一種本能。我們可能遇見很多事，去思考，去面對，去忍耐，去前進這就行了。社會如同一個無比之大的染缸，無時不在的對其成員加以薰陶。這個微妙又貌似對立的現象，也是人類與社會的真正關係。也就是說，人類在適應社會的同時，也在改造著社會，使社會沿著一個鮮為人知的途徑去改變，以期達到人類的最終目的。與此同時，人類也在經歷著無數次的失敗，也就是在嘗試改變社會的

時候遭受社會的抵制，進而使努力付之東流。

那些事業有成的人大多是因為比別人首先嗅出外界的變化，順應社會的變化，並巧妙的將之轉為商機。畢竟「商機」和成功機會在外界局勢有若干變動時最容易變成機會，所以能比別人早一步注意到這種變化且付諸行動者，就是最大的贏家。蒸汽機、電的發明等，無一不是根據時代發展，順應社會需要，經過不斷實踐和實驗而取得的。只有追隨市場而變化，企業才能生存，而能預見社會市場變化，及時掌握良機，更是一個人走向成功的重要因素。

一個人要想改變自己，適應社會，就要不斷的去調節自己。調節自己的方法多種多樣，其中，最常用的就是自動調節思想認識。自動調節思想認識，從內容上來劃分，可以分為目標調節、知識結構調節和情感調節三種。

第一，目標調節。目標調節是指根據變化了的情況和條件，及時調整自己的具體事業目標和方向，以求得主觀與客觀的協調一致。

第二，知識結構調節。知識結構調節是根據社會發展變化，不斷調節自己的知識結構。人類知識的總量，每隔七到十年就要翻一番。任何一勞永逸的想法都是不現實的，不管你有多麼豐富的知識，也往往還是不夠的，還要繼續收集和學習有關情報資料，正所謂：「活到老，學到老。」

第三，情感自動調節。情感自動調節的主要任務，在於自覺的培養、維護和發展積極的情感，培養良好的情感品質，注

意對消極情感的有效調節與控制，並善於做好轉化工作，發揮情感的積極效能，調動身心的巨大潛力，保證在任何情況下都能以最佳的心理狀態去做好工作。

自動調節思想認識如從類型上來劃分，可分為常態調節、順境調節和逆境調節三種。

第一，常態調節。常態調節的中心環節是戰勝「馬太效應」。所謂「馬太效應」，指的是人才成長過程遇到的社會慣性，即已有聲譽的人才所獲得的榮譽越來越多，而潛在人才的勞動成果則難以得到承認。戰勝「馬太效應」的調節策略是優勢累積。

第二，順境調節。順境調節的中心環節是防止驕傲自滿。粗心大意，不求上進，保持謙遜、細心、進取。契訶夫說：「對自己不滿是任何真正有才能的人根本特徵之一。」

第三，逆境調節。逆境調節的中心環節是堅定意志，鼓起信心。文學批評家別林斯基說：「不幸是一所最好的大學。」

在這裡還需要強調兩個問題：一是做好自我預測。要學習、掌握必要的規範知識，明確是非標準，重視自我觀察分析，善於洞察自我行為的性質。預測發展後果，對自我實行「預防性」控制，提高控制效果，不要打「馬後炮」，不吃「後悔藥」。二是注意「控制量」，做到有利、有節。控制量過小，隔靴搔癢，不解決問題。控制力過大，受壓過重，就有可能使自己畏首畏尾。謹小慎微或者一味忍讓，反而難以達到自我控制的目的，還會使自己從謙謙君子走到另一個極端。

第三章
有夢還不夠美

　　在當今世界中，只要你有夢想，只要你要你敢想、敢為，並具備毫不妥協的信念和實現夢想的決心和行動，你就可以贏得未來，特別是對於創業者來說，敢想、敢為是成功創業的第一資本，而在當下也有這樣一群人，他們胸懷理想上路，他們有著一顆真實而不羈的靈魂，由滾燙的熱情澆灌，由堅韌的意志鍛造。以近乎偏執的熱愛，將最初的夢想堅守到最後，他們是這個時代「執著的理想主義者」，同時，也將是未來經濟的中堅力量。

第一節
冒險就是我的通行證

在現實生活中，有很多事情並不是我們不會做、不能做，而是我們不敢做、害怕做，太習慣於循規蹈矩了。有些暴發戶們的發跡史就充分說明了這一點。他們中間有多少是老老實實、循規蹈矩的高學歷、高智商者？很少。但為什麼那些循規蹈矩的高學歷、高智商者發不了財，相反那些原本在單位並不受關注甚至被人瞧不起的人卻成了暴發戶呢？這是他們敢想敢做闖出來的，他們勇於砸碎鐵飯碗，打破原有的規則，義無反顧的把自己推向市場；他們勇於做別人不敢做的事；他們勇於冒風險，哪怕是傾家蕩產、妻離子散，也在所不辭；他們勇於向傳統挑戰，勇於冒險；他們有的甚至勇於「冒天下之大不韙」。凡此種種，都無不彰顯出膽量在現代社會生活中的地位和作用。所以，人們常常會說：「撐死膽大的，餓死膽小的。」就是這個道理。

膽量在一個人的事業中有著無法估量的重要性。但是，任何事物都不是絕對的，膽量也是如此。膽量固然重要，有時甚至起決定性的作用，但並不是說一個人只要渾身是膽、天不怕地不怕就什麼事也能做成。正如前面所分析的，有膽量做事的人，成功與失敗各半，為什麼會這樣呢？造成失敗的原因主要有兩個方面：一是不識時務，做了不該做、客觀上根本就做不

成的事；二是有可能成功，但缺乏足夠的智謀，能力不濟，功敗垂成。這兩種情況都說明了一個具體的問題，那就是膽量雖然重要，但僅有膽量還是不夠的，還要有智慧和謀略。有智慧者，知進退之道，明白哪些事可為，哪些事不可為，不魯莽、不蠻幹、不盲目的大膽。而所謂的謀略，則是指計謀、策略，就是在追求成功的過程中，要善於運用各種手腕，借助各種力量，做到多謀善斷，隨機應變，努力使自己立於不敗之地，並以堅強的毅力達到成功。歷史上，很多生死攸關的事件都是在拼一個人的膽量，誰的膽量大，誰就能出其不意，取得最後的勝利。

項羽是歷史上以勇猛著稱的英雄，他戎馬一生，戰功赫赫。其中最具代表的就是那次以三萬精兵與劉邦率領的五十六萬聯軍較量的彭城之戰。

漢高帝二年（西元前二〇五年）二月，項羽出兵齊地（今山東地區）攻打田榮，四月，楚軍膠著於城陽（今山東菏澤東北）。在洛陽的劉邦見機不可失，集合漢軍與五諸侯兵共五十六萬人向東攻占彭城，中途有彭越帶領三萬人加入漢軍。此役漢軍大勝，劉邦在彭城「收其貨寶美人，日置酒高會」，根本沒有把山東的楚軍放在眼裡。項羽得知彭城失陷後，做出了一個驚世駭俗的決定，他要親率三萬精兵去迎擊劉邦的五十六萬聯軍，這一決定不但令他身邊的將領目瞪口呆，也是聯軍首領劉邦始料未及的。楚軍由魯（今山東曲阜）一路南下，越過胡陵（今山東魚臺東南），到彭地西郊的蕭縣（今安徽蕭縣西北），

第二天早晨趁漢軍不備突然發動進攻，至中午大破漢軍，將漢軍壓迫於谷、泗、睢水地區，漢軍潰敗，被殲十餘萬人。項羽收復彭城，又緊追不捨，至睢水上（今安徽淮北市西），漢軍被淹死十餘萬人，「睢水為之不流」。楚軍擄去劉邦的父親太公、母親劉媼和老婆呂雉。劉邦受困彭城西側，拂曉時，楚軍由西向東猛襲聯軍側背，聯軍亂作一團，自相踐踏，根本無法組織有效的抵抗。聯軍被楚軍緊圍三重，劉邦無法逃脫，他用舊情使楚將丁公放行，此時西北方向突然刮起大風，一時天昏地暗，劉邦同子劉盈、女魯元公主等數十騎突圍出奔下邑（今安徽碭山）。此役漢軍元氣大傷，劉邦的諸侯紛紛背漢投楚，劉邦只好收集殘部，退守滎陽一帶（今河南滎陽東北古滎鎮）。

膽量是一種重要的心理資源，冒險、判斷、知識、執行是膽識的構成成分。它是一種敢想敢做、敢闖敢冒險、敢作敢為的英雄氣概，是一種氣吞山河、大智大勇的人生氣概！

然而，做人僅僅有膽量還不夠，還要有識。追求成功的人要做到有膽有識，懂得該出手時就出手，但又不是盲目出手，要善於以卓越的膽識，勇於與狼共舞、與時共進。一個人的膽識有大有小，最可怕的是沒有膽識。人人都渴望成功，人人都具有成功的潛能，但現實生活中，只有那些擁有超常膽識的人，才能夠成為真正的成功者。在工作中，成功者的膽和識相互依存，缺一不可。只有膽量、沒有見識，只會促成莽撞之舉，不能成就事業；而光有見識，不敢行動，終究只是紙上談兵。有膽有識，才能雙劍合璧，所向無敵。

第二節
夢想種子，長成就要有好土

　　一個人愛幻想、很天真並不是一件壞事，但如果這樣的人掌握一定的權力或是某個領域的代表人物，他的所作所為必將是災難性的。人有的時候就是這樣，總覺得真理掌握在自己手裡。然而，現實生活中卻不是如此，不管自己怎麼空想猜測，那都是不現實的。現實是比較殘酷，沒有人能左右現實。人還是務實一點比較好，最重要是樹立正確的人生觀，給自己定一個人生座標，我們不能像大海裡行駛的輪船而沒有指南針。生活中，真正能實現夢想的人少之又少，大多數都不過是兒時的空想。不過只要認認真真的追求過夢想，認認真真的感受到生活，成功又何必在意呢？重要的不在結果而在於享受的過程。我們要坦然面對現實生活。夢想與現實的距離永遠是有的。夢想要變成理想、變成現實，就要與現實社會結合起來，脫離現實的夢想就是空想。因此，確立自己的夢想要根據實際情況而定，千萬不要脫離了現實。一個只顧陶醉於自己的夢想的人，必將在現實中遭遇慘痛的失敗。這種事在中外歷史中有很多案例，成語「紙上談兵」就是一位只知空想而忽視現實的「高人」留給後人的故事。

　　戰國時期，趙國大將趙奢曾以少勝多，大敗入侵的秦軍，被趙惠文王提拔為上卿。他有一個兒子叫趙括，從小熟讀兵

書，張口愛談軍事，別人往往說不過他。因此很驕傲，自以為天下無敵。然而趙奢卻很替他擔憂，認為他不過是紙上談兵，並且說：「將來趙國不用他為將罷。如果用他為將，他一定會使趙軍遭受失敗。」果然，西元前二五九年，秦軍又來犯，趙軍在長平（今山西高平縣附近）堅持抗敵。那時趙奢已經去世。廉頗負責指揮全軍，他年紀雖高，打仗仍然很有辦法，使得秦軍無法取勝。秦將王齕幾次三番向趙軍挑戰，廉頗說什麼也不跟他們交戰。王齕想不出什麼法子，只好派人回報秦昭襄王，說：「廉頗是個富有經驗的老將，不輕易出來交戰。我軍老遠到這裡，長期下去，就怕糧草接濟不上，怎麼好呢？」

秦昭襄王請范雎出主意。范雎說：「要打敗趙國，必須先叫趙國把廉頗調回去。」 秦昭襄王說：「這哪裡哪裡辦得到呢？」范雎說：「讓我來想辦法。」 過了幾天，趙孝成王聽到左右紛紛議論，說：「秦國就是怕讓年輕力強的趙括帶兵；廉頗不中用，眼看就快投降啦！」 趙王聽信了左右的議論，立刻把趙括找來，問他能不能打退秦軍。趙括說：「要是秦國派白起來，我還得考慮對付一下。如今來的是王齕，他不過是廉頗的對手。要是換上我，打敗他不在話下。」

趙王聽了很高興，就拜趙括為大將，去接替廉頗。藺相如對趙王說：「趙括只懂得讀父親的兵書，不會臨陣應變，不能派他做大將。」可是趙王對藺相如的勸告聽不進去。趙括的母親也向趙王上了一道奏章，請求趙王別派他兒子去。趙王把她召了來，問她什麼理由。趙母說：「他父親臨終的時候再三囑咐

我說，『趙括這孩子把用兵打仗看作兒戲似的，談起兵法來，就眼空四海，目中無人。將來大王不用他還好，如果用他為大將的話，只怕趙軍斷送在他手裡。』所以我請求大王千萬別讓他當大將。」趙王說：「我已經決定了，你就別管吧。」西元前二六〇年，趙括領兵二十萬到了長平，請廉頗驗過兵符。廉頗辦了移交，回邯鄲去了。趙括統率著四十萬大軍，聲勢十分浩大。他把廉頗規定的一套制度全部廢除，下了命令說：「秦國再來挑戰，必須迎頭打回去。敵人打敗了，就得追下去，非殺得他們片甲不留。」那邊范雎得到趙括替換廉頗的消息，知道自己的反間計成功，就祕密派白起為上將軍，去指揮秦軍。白起一到長平，布置好埋伏，故意打了幾陣敗仗。趙括不知是計，拚命追趕。白起把趙軍引到預先埋伏好的地區，派出精兵二萬五千人，切斷趙軍的後路；另派五千騎兵，直衝趙軍大營，把四十萬趙軍切成兩段。趙括這才知道秦軍的厲害，只好築起營壘堅守，等待救兵。秦國又發兵把趙國救兵和運糧的道路切斷了。

　　趙括的軍隊，內無糧草，外無救兵，守了四十多天，兵士都叫苦連天，無心作戰。趙括帶兵想衝出重圍，秦軍萬箭齊發，把趙括射死了。趙軍聽到主將被殺，也紛紛扔了武器投降。四十萬趙軍，就在紙上談兵的主帥趙括手裡全部覆沒了。

　　一個人有夢想當然是好事，但這個夢想一定要建立在現實基礎之上，如果失去了這個基礎，很難有不栽跟斗的。人生短暫，而現實與理想總是有一定的距離，在理想與現實生活中，

人首先是「存在才是真理」，要選擇好適合自己生存的環境，如果我們無法選擇環境，就只有改變自己來適應，才有可能好好的活下去；只有珍惜現實的擁有，也才能在現實之中再來選擇自己「美好」的理想。

常言說：「天上的十隻鳥，不如手裡的一隻鳥。」每一個人都有著自己的理想，也都為自己那偉大的理想激動過、苦悶過，但當理想與現實發生衝突時，生活逼迫我們不得不選擇現實時，我們就必須勇敢的放棄理想。要懂得，我們只有老老實實的做人，勤勉不懈的謀事，腳踏實地的走好人生的目前的每一步，才有可能更快的接近自己的理想。

第三節
暗示有神奇力量，成功就是我的助推器

社會上，不少人都在抱怨自己的日子過得不如別人，別人的薪水高，別人買了房子，別人有了汽車，自己工作幾年下來還是「月光族」成員，然後找一大堆的理由哀嘆命運的不濟！而關於別人成功背後的真正原因卻很少有人去過多關注。其實，只要你細心你就會發現，凡是那些有所作為的人，都是有一定野心的人。開始時，他們把這種野心埋在內心深處，用於激勵自己的人生。達到一定高度後，他們又以這種野心激勵自己不斷前進。

野心是一種心態，它對一個人的影響往往是超乎想像的。那麼，這一種心態到底能對一個人起多大的作用，一位心理學家曾做過這樣一個實驗：

首先，他讓十個人穿過一間黑暗的房子，在他的引導下，這十個人都成功的穿了過去。然後，心理學家打開房內的一盞燈，在昏黃的燈光下，這些人看清了房子內的一切，都驚出一身冷汗。這間房子的地面是一個大水池，水池裡有十幾條大鱷魚，水池上方搭著一座窄窄的小木橋，剛才他們就是從小木橋上走過去的。心理學家問：「現在，你們當中還有誰願意再次穿過這間房子呢？」沒有人回答。

過了很久，有三個人站了出來，其中一個小心翼翼的過

去，速度比第一次慢了許多倍；另一個顫巍巍的踏上小木橋，走到一半時，竟趴在小橋上爬了過去；第三個剛走幾步就一下子趴下了，再也不敢向前移動半步。

心理學家又打開房內的另外九盞燈，燈光把房裡照得如同白晝，這時，人們看見小木橋下方裝有一張安全網，由於網線顏色極淺，他們剛才根本沒有看見。「你們誰願意現在通過這座小橋呢？」心理學家問道。這次又有五個人站了出來。「你們為何不願意呢？」心理學家問剩下的兩個人。「這張安全網牢固嗎？」這兩個人異口同聲的反問道。

很多時候，成功就像通過這座小木橋，失敗的原因恐怕不是力量薄弱、智慧不足，而是周圍環境的威懾——面對險境，很多人早就失去了平靜的心態，慌了手腳，亂了方寸。

有一個庸醫，聲稱會治療腰腿疼痛，他治病時，先要敬神，說這是採攝天氣。然後用一種「藥」貼在患處，一個時辰後，藥便開始腐蝕皮膚，鑽心的疼。庸醫說：「這是藥在吸骨中的病毒。」過後幾日，皮膚開始潰爛，庸醫解釋說：「這是吸出來的病毒在潰爛。」

庸醫的謊言沒有堅持多久，他的非法行醫被有關部門查處，檢驗結果，他所謂的藥根本沒有治療效果，純粹是為了騙錢，但奇怪的是，不少人竟說他們的確感到自己的症狀減輕了。

這就是暗示的力量。這樣類似的現象在生活中是屢見不鮮，譬如早上起來，你發現自己的臉色灰暗，一天都開心不起來；如果發現自己臉腫，你就會懷疑腎臟有問題，然後就會覺

得腰痛。西方一些醫生有一種「內視想像療法」，就是誘導病人想像自己身體中的癌細胞一點點的消失，還有的就是把樹立戰勝疾病的信心作為一個必備的條件，這些治療方法對發揮藥物的最大功效十分有幫助。

人是十分情緒化的動物，人的一生主要受情緒的影響，善於控制自己的情緒，不要讓消極的暗示力量占主導地位，這關係到一個人的人生走向。當遭遇困難和打擊時，我們應該對自己說：「我很堅強，我不會倒下。」這樣的心理暗示力量必將為你增添戰勝困難的勇氣和信心。

一位著名的運動員在獲得奧運會金牌後說：「奧林匹克競賽，對運動員來說，百分之二十是身體的競爭，百分之八十是心理的挑戰。」他的話是極有道理的。由於高水準的激烈競賽，給人帶來緊張感和精神壓力，這種精神上的緊張和壓力又使人的生理發生變化，如動作不協調，肌肉和關節僵硬、不靈活、呼吸急促、心跳加速等。如果善於透過心理暗示來進行自我放鬆，調整機體內部心理狀態，使之達到最佳競技狀態，就能使自己正常發揮，甚至超水準發揮。

心理學家告訴我們：成功與否，全看你「心之所向」。給大腦正面的刺激，即「良性的心理暗示」，大腦就會活絡起來，產生連自己也意想不到的力量。成功的美國企業家，大多都是不時的給自己良好的心理暗示：我的運氣絕對是好的，我一定會成功。自以為運氣不好的人，往往因為這種定位給自己帶來負面的影響，即自以為「運氣不好」的心態本身，使得自己的

運氣更趨惡化。換句話說,好運、成功不會不招自來的。

很多準備升學考試的學生,喜歡將寫著「絕對成功」、「必勝」、「天生我材必有用」、「有志者事竟成」等字條貼在牆上或作為座右銘。事實上,這也是一種積極的「心理暗示」,是善於讀書學習充分運用心理暗示作用的生動表現,因為心存強烈的必勝意識,自會萌生一種勢不可當的力量。

所以,做任何事之前,都要確信自己一定能成功,並有意識的找些事情來做。失敗了就想「下次一定能成功」;成功了就對自己說:「看,我多棒,再接再厲,下次一定會更好!」悲觀的人,在每一個機會中,都看到某種憂患;樂觀的人,在每一次憂患中,都能看到一個機會。在人生的長河中,只要你不斷的為自己打氣和加油,成功一定會降臨到你頭上。

第四節
活著就是為了點亮整個世界

　　一個人有了夢想，才有成功的可能，才會激發內在的智慧，加倍努力，以求得光明的前途。人不僅要有夢想，還要激勵自己去實現夢想，人人都具有向上的志向，志向就會像一枚指南針，引導人們走上光明之路。良好的夢想，就是未來人生道路美滿成功的預示。

　　人們心中的希望，與夢想相比，往往更有價值。希望經常是未來真實的預言，更是人們做事的指導，希望可以衡量人們目標的高低、效能的多寡。有許多人容許自己的希望慢慢的消失下去，這是因為他們不懂得：堅持自己的希望就能增加自己的力量，就能實現自己的夢想。希望具有鼓舞人心的創造性力量。它鼓勵人們去盡力完成自己所要從事的事業。不要小看了這種力量，因為，他的威力足以改變整個世界。

　　「你想用賣糖水來度過餘生，還是想要一個機會來改變世界？」這是美國蘋果電腦公司聯合創辦人史蒂夫‧賈伯斯的一句名言。2011 年 10 月 5 日，五十六歲的他因病逝世。他的離開吸引了全世界的關注，人們關注他，並非在於他在商業上取得的巨大成功，也不是他在科技領域取得的突破，而是賈伯斯身上的一種精神，一種超越自我，改變世界的精神。在《活著就為改變世界：史蒂夫‧賈伯斯傳》裡，對賈伯斯的改變有這樣的描述：

1984 年 1 月，史蒂夫在古柏迪諾的德安薩學院向觀眾推介蘋果公司的麥金塔電腦。2005 年 1 月 11 日上午 9 點，史蒂夫又登上了展示會的「舞臺」。二十一年前，他穿著雙排鈕扣細條紋衣服，顯得非常引人注目。現在他穿著黑色的 T 恤和牛仔褲，也顯得非常引人注目，但他的心情卻是不一樣的。現在他的心情很輕鬆，臉上一直掛著微笑。

史蒂夫說，蘋果公司僅用一年的時間使 iPod 播放機的市場占有量上升到原來的兩倍 —— 從一年前的 31% 上升到了 2004 年的 65%。說著這些，史蒂夫取出一款新式的 iPod 播放機。蘋果公司的這款新產品是一種快閃記憶體播放機，它就是風靡一時的 iPod Shuffle。這種播放機的體積非常小，和口香糖的包裝盒差不多，它可以儲存大約一百首歌曲，在使用上也比早期版本的方便、簡單。即使九十多分鐘過去了，史蒂夫和觀眾們的熱情仍然沒有減弱，他還是能用手中的產品感染在場的觀眾。最後，一句收尾語出現在展示螢幕上：「iPod Shuffle 源於生命的偶然性。」對於一個曾經與惡性腫瘤抗爭過，並且已經戰勝了它的人來說，這句收尾語是非常恰當的。在產品展示結束後，史蒂夫邀請約翰·梅爾登臺演唱了他獲得葛萊美獎的歌曲《女兒》。對於一個曾經把自己的親生女兒完全忽視多年的人來說，選擇這首歌曲也是一個莫大的嘲諷，但也可能不是這樣的。「父親應該善待你的女兒，」梅爾唱道，「女兒也希望得到你的愛。」

史蒂夫·賈伯斯已經改變了，他恢復了以前所有的優點，甚至比以前更好了。在幾天之後，蘋果公司宣布這一季度是蘋果

公司歷史上財務狀況最好的一個季度。銷售收入達到 349 億美元，與去年同期相比上升了 74%。收益是每股 70 美分，而去年每股收益是 17 美分，這也比分析師預計的每股收益 21 美分高很多。iPod 播放機的銷售量也飛速成長 —— 達到了一年前的五倍。麥金塔電腦的銷售量也以每年 26% 的速度遞增，現在年銷售量已經達到一百萬臺。

史蒂夫·賈伯斯在他五十歲的時候，就成為了三個不同產業領域的偶像。然而有時，看起來好像史蒂夫才剛剛起步。他仍舊沒有從根本上改變自己：仍舊敢作敢為、固執己見；仍舊鼓舞著他周圍的那些創造性人才攀登一座又一座的高峰；仍舊用尖刻的話語、無情的提問打擊著那些無法忍受他的人們的脆弱身心。然而，現在他已經到中年了，已經是三個孩子的父親了，在他的身後還有著不平凡的經歷。史蒂夫比以前更富有了，也比以前更有人情味了，心胸也寬廣了很多，也更能理解別人了。但進入五十歲的史蒂夫還有沒有改變的東西，因為畢竟他還是史蒂夫。

賈伯斯去世後，紐約市市長布隆伯格在葬禮上致辭說：「今晚，美國失去了一個天才，賈伯斯的名字將與愛迪生和愛因斯坦一同被銘記。他們的理念將繼續改變世界，影響數代人。在過去的四十年中，史蒂夫·賈伯斯一次又一次預見了未來，並把它付諸實踐。賈伯斯的熱情、信念和才識重新塑造了文明的形態。」

勇於做夢！勇於希望！勇於認定自己有很大的潛能！心理

學家越來越肯定白日夢的價值。研究顯示，智商最高的人，往往花很多時間在做白日夢，許多真正偉大的發明都是由想像而來的。

夢想，讓我們有高瞻遠矚的能力，它給我們希望，鼓舞我們嘗試做不可能的事，鼓勵我們變得比原來更好，去做更具挑戰性的事。最務實的做夢是願意不計代價將其實現。而「務實」讓我們把夢成形，使我們的希望更明確，把我們的理想變得有用，把我們的抱負化為行動，為我們的理想加入一些實際。每天都有許多可能和機會呈現在我們面前，有如無雲夜空中的星星。我們四周的人都想抓住它們。「那些人是幸運的！」有人抱怨道。真的嗎？你的夢想也可以實現，只要你肯付出代價來使它實現。許多人不願付出代價來使自己成功，那就是為什麼有許多人退入所謂的舒適地帶。他們渴望一個可以休息的地方，一個安全的地方，一個舒服和嬌生慣養的地方。但「舒適」像洞穴，洞中黑暗得難以看清，不流通的空氣變得陳腐和難以呼吸，四周的牆把我們封閉住，低矮得使我們難以挺直身子。

在現實中，成功的人都是經歷過重重困難的。在夢想起飛之前，他們都經歷了一番艱苦卓絕的搏鬥。獲得成功的歷程就像放風箏，需要不斷的和強風對抗，才能升到高空之中。要有對成功的強烈渴望，才能堅定向前，不被沿途所遭遇的困難嚇倒。確定一個能支持你的夢想，才能在邁向成功的旅途中忍受一切艱難險阻，當你知道自己在做什麼，當你有個明確的目標和實施計畫，那麼，風勢越強，你就飛得越高。

第五節
山的那邊不只有山，還有廣闊無垠的海

　　英國前首相邱吉爾一生最精采的演講，也是他最後一次演講，是在劍橋大學的一次畢業典禮上發表的。那天，整個會堂有上萬名學生，他們正在等待邱吉爾的出現。這時，邱吉爾在他的隨從陪同下走進了會場並慢慢走向講臺，他脫下他的大衣交給隨從，然後又摘下帽子，默默的注視所有的聽眾，過了一分鐘後，邱吉爾說了一句話：「Never give up！」（永不放棄）邱吉爾說完穿上大衣，戴上了帽子離開了會場。這使整個會場鴉雀無聲，一分鐘後，掌聲雷動。

　　永不放棄！永不放棄又有兩個原則，第一個原則是：永不放棄！第二個原則是當你想放棄時回頭看第一個原則：永不放棄！這也許是世界演講史上最簡單的一次演講了，但在場所有的人都無一例外的被這位世紀偉人的生命之音所深深震撼。邱吉爾用他一生的成功經驗告訴人們：成功根本沒有祕訣。如果有的話，就只有兩個，第一個就是堅持到底，永不放棄；第二個就是當你想放棄的時候，請回頭再照著第一個祕訣去做：堅持到底，永不放棄！

　　其實，成功者與失敗者並沒有多大的區別，只不過是失敗者走了九十九步，而成功者走了一百步。失敗者跌下去的次數比成功者多一次，成功者站起來的次數比失敗者多一次。當你

走了一千步時，也有可能遭到失敗，但成功卻往往躲在拐角後面，除非你拐了彎，否則你永遠不可能成功。

古時候，有一個考生在考試前做了三個夢，第一個夢夢到自己在牆上種白菜；第二個夢夢見在下雨天，他戴了斗笠還打傘；第三個夢夢到跟心愛的表妹躺在一起，但是背靠著背。第二天一早，考生找到算命先生，讓他解夢。算命先生一聽，連連搖頭說：「你還是回家吧。你想想，高牆上種菜不是白費力氣嗎？戴斗笠撐雨傘不是多此一舉嗎？跟表妹躺在一張床上，卻背靠背，不是沒戲嗎？」考生一聽，心灰意冷，回店收拾包袱準備回家。店老闆感到奇怪，問：「明天不是要考試嗎，你怎麼今天就回去了？」考生如此這般說了一番。店老闆笑了：「我也替你解一下。我倒覺得，你這次不留下來就太可惜了。牆上種菜說明你會高種（中），戴斗笠撐傘說明你有備無患，你跟表妹背靠背躺著，說明你就要翻身了啊！」考生一聽，很有道理，精神為之一振，以積極的心態應試，居然得了第三名。

無獨有偶，從前，有一位國王，夢見山倒了，水枯了，花也謝了，便叫王后給他解夢。王后說：「大勢不好，山倒了指江山要倒；水枯了指民眾離心，君是舟，民是水，水枯了，舟也不能行了；花謝了指好景不常了。」國王驚出一身冷汗，從此生病，且越來越重。一位大臣參見國王，國王在病榻上說出了他的心事，大臣一聽，笑著說：「這是好兆頭，山倒了指從此天下太平；水枯指真龍現身，國王，你是真龍天子啊；花謝了，花謝見果子呀，表示開花結果！」國王頓覺全身輕鬆，身體不藥而癒。

　　同樣的夢境，算命先生的一席話和店老闆的一席話，卻有著天壤之別。前者讓考生心灰意懶，未入考場，精神先垮下去了。後者卻能夠變消極為積極，讓考生具備良好的心態，從而取得成功。王后和大臣不同的說法，也讓國王有了截然不同的境遇。可見，消極的人看到的是困擾，感受到生活處處是陰影；積極的人看到的是希望，讓心靈擁有更加廣闊的晴空。

　　任何人的生活，都會有被外界干擾、被旁人左右的時候。外來的因素總是具有或積極或消極的作用。所以，作為一個正常的人，在遇到生活的難題時，重要的是不管別人的心態如何，都要有自己正確的立場，保持良好的心態，否則一不小心，就會偏離正常的生活軌道。任何情況下，積極的心態有助於人們克服困難，看到希望，保持旺盛鬥志；而消極的心態只會使人沮喪失望，對生活充滿抱怨，甚至限制和扼殺自身的潛力。

　　拿破崙曾說：「人與人之間只有很小的差異，但是這種很小的差異卻可以造成巨大的差異。很小的差異即積極的心態還是消極的心態，巨大的差異就是成功和失敗。」事實就是這樣，成功和失敗之間的區別在於心態的差異，即成功者強化積極的一面，失敗者總是沉迷消極的一面。

　　那些在失敗中沉淪的人，你們要勇敢的挺起胸膛，從失敗中汲取經驗，爭取成功的到來，要學著為明天的成功去播種，要忘記昨日的一切，用百倍的信心，去迎接新一天的太陽，要堅信一個信念：堅持到底，就是勝利。

第六節
想法有力，思考就是我的超能力

　　「半畝方塘一鑑開，天光雲影共徘徊。問渠哪得清如許，為有源頭活水來。」 這是宋代大儒朱熹所做的《觀書有感》。這首詩表面上是寫明麗清新的一派田園風光，反覆讀上幾遍，會覺得越讀越有意味！半畝的一塊小水塘，在朱熹筆下是展開的一面鏡子，這種恬靜和幽雅立時讓人展開了想像的翅膀。第二句講的是這面「鏡子」中映照著天上徘徊的雲影，可想那清澈的水面有多麼靜謐可愛了！第三句提了個問題，這水為什麼如此清澈呢？原來，朱熹在讚美讀書有所領悟，心靈中感知的暢快、清澈、活潑，以水塘和雲影的映照暢敘出來了。他的心靈為何這樣澄明呢？因為總有像活水一樣的書中新知，在源源不斷的給他補充啊！這幅美麗的自然風光圖卷，讀完後已經令人清新明快了，更讓人拍案叫絕的是，一看題目，是觀書的感想，頓時這美的意境昇華，與讀書融合了。大學者朱熹的一首小詩，給我們諸多啟示，多讀一點好書，會讓自己思想永遠活潑，才思不絕，情操高雅啊！

　　這首詩中還說明了一個道理，一個人的思想是行動的源泉。你有什麼樣的思想，就能走出什麼樣的道路。人與人最大的不同在於思維方式的不同。一個善於思考的人無論是在工作上，還是生活上都會走在前面。每一個成功的人都是善於思考

的人，否則他的成功也只能是偶然而短暫的。然而思考並不是一件簡單的事情，首先你需要有思考的動力，如果這點做不到一切皆是空談。對於從事電腦開發的工程師來說，思考的動力顯得更為重要，如果總是被動思考，那你將被行業所淘汰。有動力之後，就是思考方式的問題了。我們在工作中經常會遇到這樣的問題，兩個人各說各的優點結果誰也說服不了誰。

顯然，這時候我們的思考方式和出發點有了問題。有時候需要注意細節，但是過於注意細節那爭論永無止境，這個時候需要跳出來，從更高的角度去看問題，看優缺點，看影響。而有時候當我們都在誇誇其談其方案的好處時，只要做一下試驗，那麼就會突顯各自的優劣性。所以說思考的方式很重要。當你擁有了動力和正確的思考方式後，你還需要專業的知識。所謂「萬丈高樓平地起」，說的是基礎很重要，如果你沒有專業的知識作為根基，那就不可能思考出一個正確的結果。最後是行動，當你具備了前三條後還不足以讓你的思考結果產生價值。只有你的想法真正被實踐並影響到了別人，這個時候才是整個思考的結束。所以善思者，善行！

思考能讓我們打破思想的停頓，不斷的提升我們自己的綜合素養；思考能解決我們工作中的眾多困惑，讓我們的工作變得輕鬆高效起來；思考也能讓人永保年輕。思考可以說是我們的一種心智的鍛鍊手段，心智的鍛鍊讓我們的心靈變得永遠年輕力壯。思考更能讓人愉悅，思考中我們可以有新的發現、新的創造。

如果你經常對某一方面的工作進行思考，相信隨著思考的時間推移，這一方面的工作就會變得越來越容易，各種想法就會變得越來越豐富，思考的內涵變得越來越深厚，思考的成果也會不斷的得到提升。對某一方向的專題思考，讓思考為我們的工作服務，在透過深層次的思考後，我們的工作變得更有效、更高效，我們必然享受到工作的快樂、思考的快樂，從而真正體會到思考帶給我們的樂趣。思考一旦給我們帶來高效輕鬆的工作，反過來必定會促進我們的進一步思考。

經過思考後，在自己的實際能力範圍內，誕生出許多夢想。這些夢想將成為你未來發展的動力。有夢想的人，無論怎樣的貧苦怎樣的不幸，他總有自信。他藐視命運，相信未來。正是這種夢想，這種希望，這種永遠期待著好日子的到來，使我們可以維持勇氣，可以減輕負擔，可以肅清我們前進路上的困難、挫折，我們越能實現我們的夢想，我們的能力也越顯強大、越有效。一個人的夢想的實現，往往可以感應起一串新的夢想和努力。就在人類化夢想為現實的奮鬥中，我們看到了世界的種種希望。

科學的進步是無止境的，思想也一樣，甚至教育、經濟以及企業管理，所有人類的活動，都留有一大片尚未開拓的土地，需要人們去開拓。人之高貴，貴在有思想。不要阻止你的夢想、信仰並且鼓勵你的憧憬，發揚你的夢想，同時努力使之實現！這種使我們向上面展望、向高處攀登的能力是與生俱來的，它是指示我們走上至善之路的指南針。你生命的內容，都

是依你的憧憬而決定。你的夢想，就是你生命歷程的預言。

夢想出現於生命靈感的一瞬間，夢想是你邁向成功的第一步，讓夢想成真，這是一件偉大的事情！去勇敢的追逐你的夢想吧！

第七節
想通了，財路自然就開闊

　　俗話說：「只有想不到，沒有做不到。」思路決定出路，思考是人生最大的財富。學會思考，就能找到人生新的起點；學會思考，學會創新，成功就會向你走來。

　　學會思考的關鍵是學好、用好各種思維技巧。在新經濟時代到來之際，有人曾把對人生有較大影響的思維技巧總結出許多種，這其中包括：發散思維、收斂思維、聯想思維、空間思維、原點思維、數字思維、錯位思維、逆向思維、靈感思維、創意思維、創新思維等等。這些根據新經濟時代的特殊背景和創新的實際需求所列出的思維技巧，預示了一個「思維時代」的真正到來。

　　有人認為，在知識經濟時代，只有高學歷、高智商或身懷某種特殊技能是成功的重要因素，這種說法有一定的合理性，但也很片面。筆者認為這裡面具有關鍵作用的還是人的思路。否則就無法解釋，一些只有小學、國中學歷，也沒有什麼特殊技能的人，是如何在短短的一、二十年中發跡起來，把事業做大的。這樣的人有很多，他們所創辦的企業很多已成為行業領域的支柱。

　　要想有正確的思路就要破除固有的思維定式，解放思想，認真學習人生的各種思維技巧，並對它們有個清晰、全面的認

識。知道人類的基本思維技巧究竟有哪些，它們的各自特徵、作用是什麼。唯有如此，思考問題時才能破除思維定式，打破習慣思維的束縛，牢牢的把思維的主動權捏在自己的手裡，讓思維真正活躍起來。那樣你將收穫意想不到的驚喜。

　　一個人無法選擇自己的出身，但是，你可以選擇做一個怎樣的自己，只要有一個好腦子、一個好的思路，成功就在你的眼前。

第八節
我有夢，所以要翱翔在無限的藍天

當我們回顧歷史，便會發現那些偉大人物之所以有那麼驚人的成就，乃是對自己提出了超出一般人的期許。在這個期許尚未實現之前，我們便稱為「夢」。人人都有夢，過去的夢，可能早已被遺忘了。如果你還一直保持原先的那個夢，今天的你又會是什麼樣子呢？

多少人魂牽夢縈往昔，慨嘆逝者如斯。一些人奮力搏擊，突破了人生困境，最終成為其他人效仿的典範。打心底裡我們每個人都相信自己有不凡的才幹，能做出偉大的事情，而現在為什麼是這樣，而不是那樣的呢？其實，只要我們拿出勇氣，相信有能力面對人生中的各種挫折，並拿出相應的行動，同樣能突破人生的困境。花點時間，此刻就來做個夢！不管這些目標怎樣，對我們人生都影響重大。要好好思索那些想達到的目標，挑出一個最讓你動心的目標。這個目標要使你晚睡早起充滿動力才行！這樣才能啟動你的創造力，引發你的熱情。一個人的成功往往來自他的夢想，不管你的夢想有多大，只要堅持不懈的朝著這個目標走，成功早晚有一天會邂逅你的。

有一個小男孩，考試得了第一名。老師獎勵他一本世界地圖，他好高興，跑回家就開始看這本世界地圖。就是為家人燒水時，他也一邊燒，一邊在灶邊看地圖，看到一張埃及地圖，

想到埃及真好，埃及有金字塔，有埃及豔后，有尼羅河，有法老王，有很多神祕的東西，心想長大以後如果有機會一定要去埃及。

他看得正入神，突然爸爸衝出來，用很大的聲音跟他說：「你在做什麼？」他說：「我在看地圖！」他爸爸很生氣，說：「火都熄了，看什麼地圖！」他說：「我在看埃及的地圖。」父親跑過來「啪啪」給他兩個耳光，然後說：「趕快去生火！看什麼埃及地圖？」打完後，踢他屁股一腳，把他踢到火爐旁邊去，用很嚴肅的表情跟他講：「我給你保證！你這輩子不可能到那麼遠的地方去！趕快去生火。」

他當時看著爸爸，呆住了，心想：「我爸爸怎麼給我這麼奇怪的保證，真的嗎？這一生真的不可能去埃及嗎？」二十年後，他第一次出國就去了埃及，他的朋友都問他：「到埃及做什麼？」他說：「因為我的生命不要被保證。」自己就跑到了埃及旅行。他在金字塔前面的臺階上，買了張明信片寫信給爸爸。他深有感觸的寫道：「親愛的爸爸，我現在在埃及的金字塔前面給你寫信，記得小時候，你打我兩個耳光，踢我一腳，保證我不能到這麼遠的地方來，現在我就坐在這裡給你寫信。」他爸爸收到明信片時跟媽媽說：「哦，這是哪一次打的，怎麼那麼有效？一巴掌打到埃及了。」

一個人除非懷有夢想，並以堅強的意志去實施，否則做不出什麼大事。妥善運用你「夢想」，往往會產生驚人的力量。我們的人生有何種成就，到底取決於什麼？答案乃是當初所作的

決定。當我們作出決定的那一刻，命運也就注定了！你的夢能實現到什麼程度，就看你給它定的界線何在！此刻就讓你的夢具體化，隨後好好想想，如何實現它。在追求確定的夢也就是實現目標的過程中，我們往往會作出驚人的成績和意想不到的結果，就像蜜蜂尋求生命意義的過程。難道蜜蜂真想為花朵傳遞花粉嗎？不是的。牠的目標是花蜜，可是在尋找的過程中，牠的腿上沾滿了花粉，等牠飛到其他花朵上時，神奇的生命連鎖反應就開始了，結果是滿山萬紫千紅！同樣的道理，在通往你夢想的旅途中，你會驚喜自己實現夢想的任何意外結局，它往往成為你生命永恆的收穫。

所以說，夢想是人生的奮鬥目標，是一個人力量的源泉、精神上的支柱。每當你感到疲憊不堪、步履維艱的時候，夢想就像沙漠中的綠洲，讓你看到了希望；每當你遇到挫折、心情沮喪的時候，夢想又如破曉的朝日驅散滿天的陰霾。

因此，遠大的夢想，或者說理想，是一個人偉大的目標。雖然擁有夢想，你不一定成功，但如果你沒有夢想，成功對你而言也就無從談起啦！所以說夢想是很重要的。

第四章
這樣就是你的理想人生嗎？

《易經》記載：「取法乎上，僅得其中；取法乎中，僅得其下。」意思是說，一個人制定了高目標，最後仍然有可能只達到中等水準，而如果制定了一個中等的目標，最後有可能只能達到低等水準。這句話告訴人們，無論是學習還是創業，一定要把目標定高一點，並為之努力奮鬥，才有可能取得更大的成功。在商業社會中，只要你心中有遠大目標，熟練的掌握技巧，你就會成為自己命運的主人。無論自己處於何種環境，你都必須意識到，你需要採取必要的行動去完成你的夢想，實現你的遠大目標。

第一節
腦中的點子要跳進現實

人生需要夢想，而光有夢想不去行動，那就是空想了。對那些正在創業的人，不但要善於思考和謀略，還要高標準的去執行這些計畫，千萬不能在關鍵的環節出差錯。有人說：「男人的哲學是行動哲學。男人要勇於把自己的想法付諸行動；不能像書生，只會紙上談兵。應該勇敢的站起來，把自己的理想變為現實，用實際行動來證明自己的價值。」

一個想要取得成功的人，首先是對生活有所憧憬的人。他所憧憬的事物就是自己追求的目標，那些具有崇高生活理想和奮鬥目標的人，毫無疑問會比一個根本沒有目標的人更有作為和成就。古人早就說過：「取法上者得乎中，取法中者得乎下，取法下者得乎無。」意思是說，一個人如果定了很高的目標，最終可能僅僅得到中等的結果，定中等的目標，結果就可能只得到下等的結果。

從前有兩個人，他們都想到遠方去，一個人想到日本，一個人想到美洲。他們同時從蓬萊出海，結果兩人都沒有到達目的地。但想到美洲去的人到達了日本，而想到日本去的人只到了朝鮮半島。那些志向遠大、勇於想像的人，所取得的成就必定是遠遠超出起點；一個理想高、目標大的人，即使沒有實現

最終的理想和目標，但其實際達到的目標，都要比理想低、目標小的人最終達到的目標還大。

因此，任何人要想獲得成功，首先必須敢想才行，也就是要勇於想像自己的未來，把自己的理想和目標提升起來，而不要退縮在一個彆腳的、狹小的角落。可以肯定的說，卓越的人生都是崇高理想的產物。不過，這只是問題的一個方面；另一個不容忽視的方面是，只敢想而不敢做或不願做的人，也不會擁有成功。

有個人曾經問著名思想家布萊克：「您能成為一位偉大的思想家，成功的關鍵是什麼？」「多思多想。」布萊克回答。這個人如獲至寶般的回到家中，開始整天躺在床上，望著天花板，一動也不動，按照布萊克的指點進入「多思多想」的狀態。一個月後，那個人的妻子找到布萊克，愁眉苦臉的訴說道：「求你去看看我的丈夫吧，他從你這裡回去以後，就像中了魔一樣，整天躺在床上苦思冥想。」布萊克趕去一看，只見那個人已經變得骨瘦如柴。他拚命掙扎著爬起來，對布萊克說：「我最近一直都在思考，甚至到了茶飯不思的地步，你看我離偉大的思想家還有多遠？」「你每天只想不做，那你都思考了些什麼呢？」布萊克先生緩緩的問道。那人回答說：「想的東西實在太多，我感覺腦子裡都已經裝不下了。」「哦！我大概忘了提醒你一點：只想不做的人只能產生思想垃圾。成功像一把梯子，雙手插在口袋裡的人是永遠爬不上去的。」接著，布萊克舉了這樣一個例子：

　　有一位滿腦子都是智慧的教授和一位文盲相鄰而居。儘管兩人地位懸殊，知識、性格更是有著天淵之別，可是他們都有一個共同的目標：如何盡快發財致富。每天，教授都蹺著二郎腿在那裡大談特談他的「致富經」，文盲則在旁邊虔誠的洗耳恭聽。他非常欽佩教授的學識和智慧，並且按照教授的致富設想去付諸實際行動。幾年後，文盲真的成了一位貨真價實的百萬富翁。而那位教授呢？他依然是一貧如洗，還在那裡每天空談他的致富理論。

　　成功在於意念，更在於行動。其實，相對於付諸行動來說，制定目標倒是更容易的。許多人都為自己制定了人生目標，從這一點上說似乎人人都像一個策略家。但是，相當多的人制定了目標之後卻沒有落實下去，不敢採取行動，結果到頭來仍是一事無成。敢想和敢做，是促使人走向成功的一對孿生兄弟，兩者相輔相成，缺一不可。

第二節
別被浮躁絆住，讓自己成為自由的精靈

浮躁是輕浮、輕率、急躁，做事無恆心，見異思遷，不安分，總想投機取巧，成天無所事事，脾氣大等種種表現的綜合性代稱。浮躁是當前社會普遍的一種病態心理表現。其具有以下特徵：第一，心神不寧。面對急劇變化的社會，不知所為，心裡無底，慌得很，對前途無信心。第二，焦躁不安。在情緒上表現出一種急躁心態，急功近利。在與他人的比較之中，更顯出一種焦慮的心情。第三，盲動、冒險。由於焦躁不安，情緒取代理智，使得行動具有盲動性。行動之前缺乏思考，只要能賺到錢，違法亂紀的事情都會去做。這種病態心理也是當前犯罪事件增多的一個重要原因。

那麼，什麼原因造成了浮躁心理的盛行的？從大的方面講，主要包括兩個方面：

一是從社會方面上講，主要是社會變革對原有結構、制度的衝擊太大。那些處於社會中階狀態的人更是患得患失，心神不寧，焦躁不安，浮躁就不可避免的成為一種社會心態。

二是從個人主觀方面來看，個人間的比較是產生浮躁的直接原因。社會的發展變化，使人們的工作、生活等方面都隨之發生變化，在變化中有的人較早獲得了成功，這無疑對一些滯後者有著心理刺激，心理適應力差的人便常常與之比較，後果

往往便是產生浮躁心理。

浮躁是一種譁眾取寵的作風。這一點在當下的官場環境中表現得尤為突出。有些基層官員急功近利，唯利是圖，為達目的，不擇手段。梁山泊英雄排座次，資歷不夠排行夠，排行不夠水分湊。功夫不是用在腳踏實地、因地制宜上，而是用來趕時髦、趕浪頭。穿衣吃飯，要名牌服裝高檔酒樓；剪綵辦節，為明星大腕做「形象大使」一擲千金，在所不惜。總之一句話：一心一意謀官，千方百計作秀。再者，在現階段貧富差距嚴重拉大的今天，那些統計出來的「數字」只能會更加刺激低收入群體的神經，別說「他們活該，誰讓他們不努力了」這句話。原因就在這裡，社會就沒有提供一個相對合理的公平競爭環境，產生埋怨也就在所難免了，有些年輕人之所以鋌而走險走向犯罪的道路，就是因為自己的收入低而生活成本太高，加上愛比較的扭曲心理，釀成了一幕幕的人間悲劇。

浮躁在個人方面亦有表現：有些人總是心神不寧、焦慮不安、盲動和冒險。他們盲目的跟從別人學炒股票、期貨、房地產等。而且在做之前根本沒經過理性思考，只是一味的盲從。有些人在工作中頻繁跳槽。跳槽的原因通常為，學非所用，專業荒廢；薪資太低，心理失衡；好高騖遠；人浮於事，虛度年華；人要往高處走；英雄無用人之地等等。現在有很多人，都不是為貢獻、為實現個人價值而忙碌，而是為高官厚祿而忙，頻頻的跳槽，不僅給公司帶來損失，同時也給個人帶來損失，讓大好的年華白白流逝。還有一些人在自己的身上文身、刺字，這

其實也稱得上是一種青年人中的病態行為。文身、刺字是流行
於民間的一種陋習，它與舊社會的愚昧、落後、消極、迷信和
野蠻有關。少數青年人，由於缺乏審美能力，出錢請人在自己
的身上文身、刺字，追求一時的豪氣，認為這樣很酷，其實這
是心理不成熟浮躁的表現。

　　浮躁是一種隨波逐流的品格。沒有定見，沒有定力。東張
西望，人云亦云。沒有獨立思考，何來獨具慧眼？沒有特立獨
行，何談人格魅力？在庸人堆裡遵循「遊戲規則」，步步小心不
敢越雷池一步；和貪官共處自嘲「入鄉隨俗」，朝氣不足，暮
氣有餘。生氣不足，闊氣有餘。正氣不足，霸氣有餘。一遇誘
惑，頭腦發昏；看人進步，心中不平。

　　浮躁是一種傳染力極強的社會病。或許大家知道它的危
害，也知道浮躁之風在社會上盛行。可是能有多少人真正遠離
浮躁？如果你是一位胸懷大志的人，你會怎樣處理浮躁社會和
自己的關係，這是一個必須要回答的問題！

第三節
從字典劃掉放棄，想成功絕不容許退縮

　　每個人都希望自己獲得成功，但真正選擇一件事，並持之以恆的做下去直至成功的人並不很多，原因就在於他們在抵達成功彼岸之前就半途而廢了，成功更青睞於那些意志堅強的人，那些遇到苦難不輕言放棄的人，才更有可能實現自己的目標。選擇放棄，只是一個念頭；而永不放棄，則是一種信念！現實生活中，我們往往會自覺不自覺的選擇前者，因此我們極易成為普通得沒有一點稜角的人；而有些人卻堅定得近乎倔強的人選擇了後者。這種人雖然是少數，但他們卻往往能贏得大多數人的掌聲。成功，只要你不放棄，你就有機會，只要放棄，他肯定是不會成功的。這就是成功的祕訣。

　　在美國，有個大學籃球教練，執教一個剛剛連輸了十場比賽的大學球隊。這位教練給隊員灌輸的觀念是「過去不等於未來」、「沒有失敗，只有暫時沒有成功」、「過去的失敗不算什麼，這次是全新的開始」。

　　結果第十一場比賽打到中場時又落後了三十分，休息室每個球員都垂頭喪氣，教練說道：「你們要放棄嗎？」球員嘴巴講不要放棄，可是肢體動作表明已經承認失敗了。教練就開始問問題：「各位，假如今天是籃球之神麥可·喬丹遇到連輸十場在第十一場又落後三十分的情況，籃球天王喬丹他會放棄嗎？」

球員回道：「他不會放棄！」教練又道：「假如今天是拳王阿里被打得鼻青臉腫，但在鐘聲還沒有響起，比賽還沒有結束的情況下，拳王阿里會不會選擇放棄？」球員答道：「不會！」「假如發明電燈的愛迪生來打籃球，他遇到這種狀況，會不會放棄？」球員回答：「不會！」教練問他們第四個問題：「米勒會不會放棄？」這時全場非常安靜，有人舉手問：「米勒是哪門子人物，怎麼連聽都沒聽說過？」教練帶著一個淡淡的微笑道：「這個問題問得非常好，因為米勒以前在比賽的時候選擇了放棄，所以你從來就沒有聽說過他的名字！」

天下沒有不勞而獲的果實，如果能克服種種困難與失敗，絕不輕言放棄，那麼你一定可以達到成功。不管做什麼事，只要放棄了，就沒有成功的機會；不放棄，就會一直擁有成功的希望。如果你有百分之九十九想要成功的欲望，卻有百分之一想要放棄的念頭，那也只能與成功無緣。遭受困難，有的人在一個月之後放棄，有的人在兩個月之後放棄，有的人在三個月之後放棄……這些人是不可能成功的。因為，放棄本身也是一種習慣，放棄，代表你對困難的恐懼、對成功的恐懼。

我們活在這個世界上，很多使命是要靠自己去完成的，親人、朋友都不可能陪我們一輩子。掌聲、榮譽和鮮花也只是過眼雲煙。但是那種信念和自信卻能伴我們直到天荒地老。那就是不要輕言放棄。

一個音樂家，失去了最寶貴的聽覺，是多麼令人痛苦的事，但在這種情況下，他對自己所熱愛的音樂事業絲毫沒有放

棄,用頑強的意志抗禦命運的打擊,仍舊創作出了很多令世界驚嘆的樂曲,他的名字大家一定很熟悉,他就是著名的音樂家貝多芬。永不放棄,是一種勇氣。擁有這種勇氣,任何困難都不可能阻攔我們前進,我們要憑著這種勇氣去開拓自己的人生道路,去描繪自己的明天的藍圖。

成功學大師拿破崙·希爾說,放棄所控制的地方,是不可能取得任何有價值的成就的。輕言放棄是意志的地牢,使意志跑進裡面躲藏起來,企圖在裡面隱居。放棄帶來迷信,而迷信是一把短劍,偽善者用它來刺殺靈魂。奧運會百米短跑競賽,有的運動員在九十九米的時候放棄,從而與金牌失之交臂,這是他不了解成功有祕訣,不了解做事有學問。不管你做什麼事情,如果你選對了行業,如果你確實渴望成功,只要你不放棄,就會到達成功的彼岸,幸福女神就會垂青於你。

有的人為了自己的夢想,可以堅持一年、兩年,甚至十年、二十年,有的人則能夠堅持一輩子,至死不渝。在這樣的人眼裡,想要成功就不能放棄,放棄就一定不會成功。你若不是逼迫自己走向失敗、悲哀,就是正引導著自己攀向成功的最高峰,這完全取決於你如何去做、如何去想。如果你要求自己獲得成功,並配以明智的行動,那麼,你定會獲得成功。

第四節
每一塊積木都是關鍵，小事也是大成就的基石

一位知名企業家說過：「把每一件簡單的事做好就是不簡單；把每一件平凡的事做好就是不平凡。」在我們的生活中，無論做什麼事，常常會忽略了一些細節，總以為這是無關緊要的小問題。其實這才是很容易出現問題的問題。注重細節，從小事做起。看不到細節，或者不把細節當回事的人，對工作缺乏認真的態度，對事情只能是敷衍了事。而注重細節的人，不僅認真的對待工作，將小事做細，並且能在做細的過程中找到機會，從而使自己走上成功之路。

在一次會計的專職招聘會上，一個女孩僅用一元巧妙的打開了錄取的大門。當面試官在問完她問題之後，又說了一句：「如果妳被錄取了，我們會打電話給妳的。」話音剛落，就聽到女孩用清脆的聲音說：「請你無論如何，打個電話來，即使我失敗了。」一邊遞過去一元。面試官充滿了好奇：「妳為什麼要這麼做？」「因為如果我被錄取了，這打電話的錢不該公司出；如果我沒被錄取，這打電話的錢更不該公司出。」面試官告訴她：「妳已經被錄取了。」此後，女孩在自己的職位上做得很出色。「打電話」，從這個細小的環節中，面試官作出決定也絕非心血來潮：一是能明確公私財產是一個會計應具備的素養；二是在失敗後能去思考自己的不足，說明她是一個積極進取的人。因

此，女孩用一個細節，打動了面試官，自己也獲得了成功。

要知道工作中沒有小事。點石成金，滴水成河，只有認真對待自己所做的一切事情，才能克服萬難，取得成功。

其實，說句實在話，敬業，不僅僅是事業成功的保障，更是實現人生價值的手段，有的人在生活中，總是不滿意目前的職業，希望改變自己的處境。但世界上絕對沒有不勞而獲的事情，人們的成功，無一不是按部就班、腳踏實地一步一步努力的結果。

我們必須相信自己，正視開端。任何大的成功，都是從小事一點一滴累積而來的。沒有做不到的事，只有不肯做的人。想想你曾經歷過的失敗，當時的你，真的用盡全力、試過各種辦法了嗎？困難不會是成功的障礙，只有你自己，才可能是一個最大的絆腳石。扎實的基礎是成功的法寶。如果一味的追求過高的目標，忽視了眼前可以成功的機會，就會成為高遠目標的犧牲品。當今有許多年輕人，不滿意現在的工作，羨慕那些經理人或高級白領，不安心本職工作，總是想跳槽。其實，沒有十足的本領，就不應有些妄想。我們還是多向成功之人學習，腳踏實地，做好基礎工作，一步一個腳印的走上成功之途。

身處職場上的年輕人，要懂得不為薪水而工作。想要獲得成功，實現人生目標，就不要為薪水而工作。當一個人積極進取，盡心盡力時，他就能實現更高的人生價值。我們要想征服世界，就得先戰勝自己。要想成功，就要戰勝自己的感情，培養自己控制命運的能力。我們一定要學會用心做事，盡職盡

責。以積極主動的心態對待你的工作、你的單位，你就會充滿活力與創造性的完成工作，你就會成為一個值得信賴的人，一個領導者樂於僱用的人，一個擁有自己事業的人。其實我們自己對待小事，也要傾注全部熱情。傾注全部熱情對待每件小事，不去計較它是多麼的「微不足道」，你就會發現，原來每天平凡的生活竟是如此的充實而又美好。

第五節
抱怨是放大不滿的鏡子

　　一個人的成功決定於他的行動，而不在於他對世界的抱怨。有的人總是愛抱怨，甚至把抱怨當成了一種生活習慣。因為抱怨可以出氣宣洩，可以麻醉心靈，甚至會把自己的某些挫折、失敗歸於外界因素等。但不管怎麼說，誰聽到那些喋喋不休的抱怨，都會覺得不順耳、不開心，甚至厭惡。依我看，與其抱怨別人，不如調整自己的心態，只有學會了寬容，才能夠樂觀的生活。

　　當你想抱怨時，生活中一切都會成為你抱怨的對象；如果你不抱怨，生活中的一切都不會讓你抱怨。要知道，一味的抱怨不但於事無補，有時還會使事情變得更遭。所以，不管現實怎樣，我們都不應該抱怨，而要靠自己的努力來改變現狀並獲得幸福。

　　在這個世界上不是每個人都是快樂的，但是這個世界上每個人都會覺得別人要比自己快樂一點。一個國際研究組織曾對二十五個經濟發達的已開發國家所進行的一項「你是否每天都感到快樂」的調查顯示；60% 以上的人的回答是否定的。其中 20% 的人認為自己「每天都不快樂」，60% 的人常常生活在抱怨中。我們該抱怨生活嗎？想一想，我們是否曾迫不及待的收下上天恩賜給我們的生活的光明面，但當它變得不再輕鬆愉

快的時候就立刻抱怨它。生活是由酸、苦、辣、甜四味組成，
當品嘗過它的甜美後，你將不得不再去品嘗一下它的酸、苦、
辣。甜美的日子固然讓人高興，但如果生活中只有甜，那甜就
無所謂甜。酸苦辣的味道固然不佳，卻能讓你意志更加堅強，
思想更加成熟。沒有經歷過辛酸與苦辣，你就白來這世上走
一遭。

　　如果你懷著一顆抱怨的心，那生活中任何一件事都會成為
你抱怨的對象。早上起床晚了抱怨，抱怨的人會想「唉！又要
扣薪資了」，不抱怨的人會想「是不是我太累了，是該找時間好
好休息一下了」。在路上走路，與別人撞了一下，抱怨的人會想
「沒長眼睛啊？」不抱怨的人可能根本就沒意識到，最多會想
「他也不是故意的」。到了公司，有個同事對面走過連個招呼也
沒打，抱怨的人會想「對我有意見？我還懶得理你呢！」不抱
怨的人可能想都沒想，最多會想「他也是想著做事，沒留意」。
工作上辛辛苦苦完成了一個任務，自認為無可挑剔，哪知交上
去了才發現還有個小錯誤，抱怨的人會想「為什麼事先沒想到
啊，真是白辛苦了」，不抱怨的人會想「我這麼小心還是有疏
漏，下次要吸取教訓，要更加小心了」。喝口水嗆到了，抱怨的
人會想「怎麼這麼倒楣，喝水都要找我麻煩」，不抱怨的人會想
「我現在有點急躁了，沉穩一點」。吃飯時發現一顆沙粒，抱怨
的人會想「誰洗的米，這麼笨，沙子都不去掉」，不抱怨的人會
想「有沙子是正常的，怪我不小心沒看到」。下班了，主管說大
家留一下，晚上要開會，抱怨的人會想「又開會，怎麼不在工

作時間開啊？我與女朋友的約會怎麼辦？」不抱怨的人會想「原來這就是魚與熊掌不可兼得啊！」晚上回到家，累得不行，抱怨的人會想「為什麼生活會這麼累啊。」，不抱怨的人會想「又過一天了，今天還是有不少收穫的，現在馬上好好休息，明天還要好好工作」。

抱怨的人在工作上，總覺得自己付出的多而回報的少；在生活上，總覺得自己貢獻大而被承認的少；在人際交往中，總覺得自己真心實意而人家卻虛情假意。如果這些想法總是在心中湧動，不抱怨才怪呢！其實，不抱怨是一顆摯心，是一片真情，是一種品格，更是一種境界。只有不抱怨，才能沉澱工作生活中的浮躁與不安，消融許多工作生活中的不幸；只有那些不抱怨而願意以實際行動來不斷的完善自己、改變自己、超越自己的人，才會取得最後的成功。

第六節
勤奮實現成就，怠惰只會讓機會從指間溜走

　　什麼是天才？高爾基說：「天才出於勤奮。」卡萊爾說：「天才就是無止境的、刻苦勤奮的能力。」著名數學家華羅庚也說過：「只有不畏攀登的採藥者，只有不畏巨流的船夫，才能登上高峰採到仙藥、深入水底覓到驪珠。」這些都說明，只有勤奮才能成功。

　　漢代的司馬遷正是由於勤奮，不怕困難，雲遊四海名山大川，足跡遍及黃河流域，從中取得了大量材料，才寫成巨著《史記》。明代的徐霞客一生在外遊覽四十多年，親自登險山惡水，進岩洞採集標本，終於寫成了《徐霞客遊記》。法國作家福樓拜，他的書窗正面對著塞納河。他每天晚上都在那盞綠色罩燈下寫作，徹夜不息，久而久之，他的窗戶成了漁人們夜裡行船的燈塔。船長說：「在這段航線上，要想不迷失方向，就應該以福樓拜先生的窗戶為目標。」福樓拜正是由於勤奮刻苦的寫作而成為法國著名作家。魯迅先生說道：「偉大的事業同辛勤的勞動是成正比例的，有一份勞動就有一份收穫，日積月累，從少到多，奇蹟就會出現。」英國物理學家牛頓刻苦學習，在力學、光學、天文學、數學方面有許多成就，他發現了萬有引力定律和光的散射，總結概括了著名的牛頓運動三定律，奠定了經典物理學的基礎。

　　無數中外成功人士的事蹟都表明，所謂天才，並不是與生俱來的能力，是透過後天堅持和不懈的努力換來的。這一點，在現代科學中已經得到證實。

　　1990 年代，心理學家埃里克森和他的兩個同事在柏林的頂級音樂學院做了一個實驗。在老師的幫助下，他們把音樂學院中學習小提琴演奏的學生分為三組。

　　第一組是學生中的明星人物，具有成為世界級小提琴演奏家的潛力；第二組學生只是被大家認為比較優秀；第三組學生的演奏水準被認為永遠不可能達到專業水準，他們將來的目標只是成為學校的音樂老師。

　　接下來，所有學生都被問到同一個問題，從拿起小提琴到現在，你總共練習了多少個小時？所有的學生，都開始回顧過去的時間，差不多都是從五歲的時候開始。開始的幾年內，所有人的練習時間都差不多，一週二十三小時。到八歲左右，那些明星學生的練習時間開始多於其他學生，九歲的時候每週六小時，十二歲的時候每週八小時，十四歲的時候每週十六小時。結果是：到二十歲的時候，第一組的學生的練習時間差不多達到了一萬小時。第二組的學生的練習時間約為八千小時，而未來的音樂教師，他們的練習時間只有四千小時。隨後，埃里克森又在業餘演奏者和專業演奏家之間進行了比較，結果一模一樣，到二十歲左右，業餘演奏者的練習時間約為兩千小時，而專業演奏家的練習時間約為一萬小時。

　　研究顯示：卓越者並沒有什麼「與生俱來的天賦」，如果和其他人一樣，只練習很少的時間，他們不可能成為佼佼者，沒有「不勞而獲者」。事實上，很多心理學家都發現，越是深入考察天才們的成長經歷，越是發現天賦的作用越來越小，而後天儲備的作用越來越明顯。

　　這項研究和其他研究的結果還表明：一個人的技能要想達到世界水準，他的練習時間必須超過一萬小時 —— 任何行業都不例外。無論你是作曲家、籃球運動員、滑冰運動員、棋手，對他們練習時間進行統計的結果，一次次毫不例外的都得到了一萬個小時的數字。

　　成功，說來容易，做到卻很難。唐代文學家韓愈說：「業精於勤而荒於嬉。」事實也一再證明，任何人做任何事都離不開勤奮，勤奮是世界上最寶貴的東西。雖然它對我們來說算不上是陌生，但是現在，又有多少人認認真真、努力去做好每一件事呢？文學家說，勤奮是打開文學殿堂之門的一把鑰匙；科學家說勤奮能使人聰明；政治家說勤奮是實現理想的基石。著名書法家王羲之，就是因為幾十年來勤奮的練習書法，才使他的書法藝術達到了超逸絕倫的高峰。「書山有路勤為徑，學海無涯苦作舟。」這是古人述說著勤奮的重要性。儘管勤奮不一定會走向成功，但走向成功之路的人都會把勤奮當做基石。只有勤奮，才能讓我們獲得更多的財富；只有勤奮，才能讓我們在人生的跑道上遙遙領先。讓我們用勤奮這份寶貴的財富去換取明天的成就吧！

第七節
做事沉著冷靜，做人靈活機智

在人的生命當中，有很多問題都需要以一顆冷靜沉著的心去面對。一生中的每一次重大抉擇，都要需要冷靜的去應對。學會沉著，學會思考，才能找到一份滿意的答案，開闢一條成功的人生之路。

冷靜是一筆厚實的財富，是一種無形而又非常有用的資本，但需要付出很多的時間和沉重的代價。在如今現實的生活裡，做事情更需要學會冷靜沉著。遇事不冷靜，憑藉自己一時的衝動，往往誤了大事，甚至害人害己。冷靜是做人的一種智慧。在平時的生活中，有許多矛盾不是靠肢體的力量、不是靠魯莽行動能夠解決的。冷靜啟迪人們學會用腦子，用腦子的過程，就是冷靜的過程，就是產生智慧、辦法、對策的過程。

冷靜是自身力量的一種表現。俗話講，有理不在聲高。冷靜並不是軟弱，不是膽小鬼，也不是故作姿態，而是審時度勢，有禮節，有風度，不輕佻，不張狂。當你擁有這種力量的時候一定要好好的珍惜，好好的使用。它會帶你克服一個又一個的困難，直到成功。

很多人都有不冷靜的毛病，但這是可以改變的。冷靜沉著的心態要靠平時日積月累的苦修，不冷靜的毛病也要靠平時一

點一滴的克服。生活中應該多學、多看，不斷總結，重視自己
的作風、道德的修養，時刻用「冷靜」來約束自己。我曾從魯
莽中走出，從偏激和浮躁中解脫，我吃過虧，甚至是大虧，其
原因就是修養太差，學會沉著冷靜！冷靜會使人更聰明，更有
修養，更有品味，更有度量。

中庸哲學是華人信奉的哲學信條之一。這種哲學是對「物
極必反，否極泰來」極端方法的一種折中。凡事有靜也要有動。
與「靜」相對應的就是「動」。動也就是要靈活起來，不要讓
自己過於顯得刻板，不能太固執、走極端，一個人要想靈活起
來。具體說來可以從以下幾個方面去做：

第一，做人別太固執。太固執的人總會自以為是，很輕易
的得出一個結論後，就認定是最終真理，別人如果有不同看
法，就肯定是他哪裡出問題了。太固執的人也很容易輕視別
人、否定別人。太固執的人很容易對人產生偏見。要想改變這
種毛病，首先得試著去理解人，試著從別人的角度來考慮問
題。抱著一個信條：在不了解一個人或一樣東西之前，別妄下
結論。

第二，不要走極端。要麼很好，要麼很壞，要麼是躊躇
滿志，要麼是萬念俱灰。稍受鼓勵就信心倍增，稍受打擊就萎
靡不振。雖然說人生是一場戲，但你也不能故意把它搞得大喜
大悲，這對身心是很不利的。我們要試著去改變這種極端的做
法。首先，要有接受挫折與失敗的心理。在事情開始之前，就

要做好成功和失敗的準備。其次，我們在事前不要把結果想像得太完美，以免期望越高，失望越多。我們也可以告訴自己：做事要多看過程，只要我們盡力就行了。

第三，換個角度考慮可能會更好。做一件事可以有無數種方法，而只有一種才是最佳的，而你想到的可能是最差的。開動腦筋，試著換種方法，你會感覺豁然開朗。有了這種「換條路」的思考方式，你會發現很多最佳的方法。

第四，別總是後悔。因為一件事做得不完美而後悔，或因為不經意的一句話而傷害別人而後悔，這都是難免的。但如果一個人經常性的話一出口以後就後悔，那就不太正常了。這種壞習慣有時候是因為猶豫不決的性格造成的。有的人面對選擇時，總會考慮得無比周到。從大到小、從前到後，樣樣都要考慮，到最後把自己給搞糊塗了，不知如何作出選擇。好容易在別人的幫助下或在內心的催促下作出了決定，話一出口馬上就會後悔，心裡想：可能作另外一種選擇更好。由於猶豫不決而常後悔的人，總會有種失落感，本來作出選擇是件很痛快的事，而對他來說卻是痛苦的事。

如果你是一個優柔寡斷的人，你得在作決定之前先弄清楚：我選擇的首要標準是什麼。在作選擇之前先把標準的順序排好，如果只想買枝筆，能寫就行，那就挑枝便宜的。在作出決定以後，只能想我選的東西有多少優點，別去想別的，要有一種知足常樂的心理。而如果是欠考慮、易衝動的人，就要告訴自己：凡事要三思而後言。特別在感情衝動時，要立即警告自

己，別光從自己角度出發，換個角度，和別人開玩笑，不能憑自己想像，你要想想他會不會生氣。在批評人時，也要想想對方會怎麼想，不能光顧自己發洩。在承諾別人時，不能光讓對方滿意，要考慮一下自己的實際承受能力。

第八節
本職工作，不是枯燥的例行公事

在現實生活中，不少剛剛步入職場的人抱怨就業難，事業剛剛起步的創業者抱怨競爭如何的殘酷。說到底，還在於對自己沒有充足的信心，一個人一旦有了堅實的本領，就有了自己的核心競爭力，運用了這些競爭力就能在激烈的市場競爭中站穩腳跟。

無論你從事什麼職業，只有肯下工夫，精通自己職業領域知識，才可能使自己變得比他人更具有競爭力，也是獲得快速提升自己的一條絕佳途徑。工作中，最需要做到的就是「精通」二字。大自然要經過千百年的進化，才長出一朵朵豔麗的花朵和一顆顆飽滿的果實。當你把自己業務做得很「精」並成了領域內的佼佼者時，你便具備了成功的「法寶」。

尤里斯是一位剛從義大利帕多瓦大學畢業的小夥子。他和兩位同學一起來到米蘭市的一家大公司應聘，但很遺憾，除了三個清潔工的職務之外，其他職務都已經招滿了人。

為了不錯過這次進入大公司的機會，他們決定先進去做一位清潔工。正式工作後，他們每天除了倒垃圾就是擦窗拖地，那兩位同學很快就開始厭倦這種枯燥而且毫無挑戰性的工作，他們在一種「不求立功、但求無過」的心態裡，渾渾噩噩的過著一天又一天。然而，尤里斯卻並不這樣，他不僅沒有對工作

失去興趣，反而對自己的要求越來越嚴格，甚至在每天一大早拖好地板後，就穿著他的白色工作服在地上打兩個滾，以此來督促自己必須把地面清掃乾淨。他那兩位同學取笑他說：「我們是整個公司上班最早的人，你在地上打滾給誰看呢？」「不，我並不是表演給誰看的，而是對自己的一種要求，我要把最簡單的事情做得最精練！」尤里斯說。就在這時，大門外面忽然有人鼓起了掌，推門進來後，大家才看清那人竟然是總經理。總經理穿著一套雪白的西裝，走過來也躺到地上打了兩個滾，然後站起來看到自己的衣服一塵不染。隨後，他又來到尤里斯那兩位同學負責的區域，剛準備躺下來，那兩位同學連忙上前阻止說：「總經理，別……」

「為什麼？」總經理問。「因為我們拖地的時候，拖把已經很髒了，我們怕……」那兩位大學生表情尷尬的說。「你們怕我的衣服會弄髒是嗎？其實你們不說我也知道，我對你們的工作狀態也早就心中有數，我今天特意提早過來，無非是來印證一下我的猜測，看來我的估計沒有出錯！」總經理隨後告誡他們說，「把簡單的事情做得最精練，例如把地板拖得可以讓人在上面打滾，這雖然不會直接給公司帶來什麼利益，但這種精神所包含的價值卻是無限的。就像我每天在公司的巡視，那雖然是一件最簡單的工作，但我卻從中為公司物色到了一位難得的好人才！」

一般來講，剛走入社會的年輕人難免心浮氣躁，有的忙於玩樂，有的忙於談情說愛，真正把心思放在鑽研工作上的不是

很多。有的人只是靠工作來維持生計，一心想成為「專家」的少之甚少。別人在玩樂、悠閒的時候，這不正是自己學習的好時機嗎？苦熬幾年下來，累積了實力，成功離你又近了一步。

那麼怎樣才能「盡快」在本領域中成為「專家」呢？

第一，選定行業。你可以根據所學來選，很容易進入角色。不過，與其根據學業來選，不如根據興趣來定。畢竟，工作是一輩子的事情。不管根據什麼來選，一旦選定了行業，就要「咬定青松不放鬆，任他東南西北風。」每一行都自有其苦樂，你不必想得太多，關鍵是要有堅定的毅力和信念。

第二，勤於鑽研。行業選定之後，要像海綿一樣，廣泛攝取、拚命吸收各種知識。你可以向同事、主管、前輩請教，也可以吸收各種報紙、雜誌的資訊。此外，專業進修班、講座、研討會也積極參加。透過鑽研，才能在你所從事的行業中全方位的縱深發展。

第三，有效學習。你不必急於「功成名就」，可以把學習分成幾個階段，並限定在一定的時間內完成學習。這是一種壓迫式學習法，可改變自己的習慣，訓練自己的意志，迫使自己向前進步。假若你真學有所成，在工作中脫穎而出，必然會受到主管的關注。日後，你的身價也會水漲船高，而這正是你拿「高薪」的基本條件。成了專家之後，你還必須與時俱進，不斷更新自己知識體系。否則，「長江後浪推前浪」，你的「專家」水準隨著時間的流逝也會大打折扣。

一個精通專業知識的人，才能悠然自得的駕馭職業之舟。

如果不懂、不會專業，就會靠不上邊、插不上話，失掉話語權、主動權，就難以有所作為。專業知識不僅要知道，而且要求通求精。輔助知識是工作所需的相關性、外延性知識，對拓展人的知識面、開闊人的視野有著十分重要的作用。

第五章
偶爾「自虐」一下也不壞

　　一個人處在順境的時候，是看不到自己的不足和弱點的，只有在遇到挫折的時候，才會反省自身，去花費精力去搞清的弱點和不足，並認真加以總結、改進。所以說，挫折就是人生的催熟劑，每個人都應該感謝自己遇到的挫折，而不是躲避挫折。挫折是人生的必修課。因此，我們面對挫折只要認真分析原因，正確面對，採取措施改變挫折，同樣可以變逆鏡為順境，變失敗為成功。

第一節
挫折是成功的磨刀石，刀刃鋒利才能舞出精采

　　成功對每個人來說都是一件幸運的事，但不是每一個人都能獲得成功。成功不是路邊的小石子隨處可撿，也不是田間的小草隨意可覓。要成功，有一段漫長的路要走，在這期間是要經過許多挫折的。挫折在人生道路上是不可避免的，我們不應該一遇到挫折就氣餒。挫折本身並不可怕，可怕的是經受挫折之後一蹶不振。對待挫折應該保持一種樂觀的精神，這樣才能由失敗走向成功。

　　縱觀歷史，每一位偉人與名人，背後有著不可言喻的辛酸與痛楚。其實，我們的成功也一樣，要經受住磨練，不經歷風雨，怎麼見彩虹，沒有人能隨隨便便成功。因為，勝利的桂冠是由荊棘編成的，成功的道路是由失敗延伸而來的，經歷失敗原來就是一種成功，正如人要學會走路就不要怕摔跤。其實，我們都是一顆珍珠，只要我們承受住困難，勇敢的面對，努力奮鬥，就一定可以發出珍珠應有的光彩。

　　法國大作家巴爾札克說：「挫折是能人的無價之寶，弱者的無底之淵。」強者在挫折面前會越挫越勇，而弱者面對挫折會頹然不前。明末清初史學家談遷用二十七年的時間編成了五百萬字的《國榷》初稿，而被貪婪之徒偷走，他忍受著沉重的打擊，埋頭書案又做十年，再次寫成《國榷》的第二稿。之後又

經過三年的補充、修改，才最後定稿。可以說談遷一生為寫此書嘔心瀝血，九死而不悔。如果談遷在遭受初稿被偷的重大挫折之後而一蹶不振，那就不會有十三年後的成功。著名數學家華羅庚曾說：「科學上沒有平坦的大道，真理的長河中有無數礁石險灘。只有不畏攀登的採藥者，才能登上高峰覓得仙草；只有不怕巨浪的船夫，才能深入水底覓得麗珠。」科學上的每一個真理都是在經歷無數次的挫折、失敗之後才得出的。我們要正視挫折，正確對待挫折，只有這樣才能讓挫折變成我們走向成功的階梯。

美國第十六任總統林肯，生下來就一無所有，終其一生都在面對挫折。他八次競選八次落敗；他兩次經商失敗，不僅把自己的老本都賠光了，還花了十六年還債。當他訂婚後即將結婚時，未婚妻卻突然去世了，他的心也碎了，精神也崩潰了。一路走來，只有挫折在陪伴他。但是他沒有放棄，沒有向命運屈服，而是越挫越勇。最終，他戰勝了挫折，一步一步的登上成功的階梯，成為了美國歷史上最偉大的總統之一。

物理學家霍金，在年輕時遭遇了一種罕見的疾病。他要用很大的努力才能抬起頭來。他生活不能自理，幾乎要靠藥物才能維持生命，更不用說寫字了！看書必須依賴一種翻書頁的機器，讀文獻時必須讓人將每一頁攤平在一張大辦公桌上，然後他驅動輪椅如蠶吃桑葉般的逐頁閱讀。面對逼近的死神，他卻顯得異常的平靜與堅強。這個曾被疾病固定在輪椅上三十多年的人，卻一直說自己是個快樂的人。他的思維穿越時間和空

間，追尋著宇宙的盡頭、黑洞的隱祕。他憑著敏銳的直覺和嚴密的推理，直接挑戰已被人廣泛認同的傳統量子力學、大爆炸理論甚至愛因斯坦的相對論。正是他有著堅強的意志，戰勝那些挫折，才會有今天的成就，才能走向成功，才會成為家喻戶曉的名人。

挫折與成功的關係是相互依存的。挫折就像是把雙面刃，意志薄弱的人，挫折可能使他傷痕累累；意志堅強的人，卻能披荊斬棘，最終走向成功。挫折就是人生中的財富。或許有人問，在挫折中真的能夠獲得財富嗎？答案是肯定的。而且至少有兩個，一個是精神上的寶貴財富，另一個是物質上的寶貴財富。往往前者比後者更有價值。因為，物質上的財富是有形的、有限的，也是有明確價值的，而精神上的財富則是無形的、無限的，也是無價的，可以傳承後代，影響深遠。而且，物質上的財富也比較容易得到，很多的人都可以得到，精神財富獲得卻十分的艱難，是很多的人都難以尋覓到的。

人生經過一次挫折，就能少犯一次同樣的錯誤；經過一次挫折，就能增加一分智慧；經過一次挫折，就能前進一步。在挫折中，可以總結經驗，吸取教訓；在挫折中，可以總結過去，規劃未來；在挫折中，可以汲取智慧，運籌帷幄，決勝千里。挫折只是人生的經歷，只是人生中某個時期的走勢，但不是最終的結局。面對挫折，寵辱不驚，從容應對，胸襟豁達，勇於自拔，戰勝自己，收穫成功，應當成為我們每個人的可貴素養。

第二節
苦盡甘來，辛酸是迎接甜蜜的前奏

　　人為什麼要吃苦？每天生活在甜蜜與幸福之中不好嗎？為什麼苦後才知甜為甜呢？這些問題現在也沒有一個確切答案。但就人類已有的經驗來講，酸甜苦辣都是人生的組成部分。世界上沒有一個人一輩子是生活在單一環境中的，有苦就有甜，有酸也有辣。從這一點來看，苦難也是人生旅途中一道不可缺少的風景線。四季輪迴，既有春天的蔥翠，也有秋天的凋零；既有夏天的熱烈，也有冬天的冷峻。我們沒有理由不善待苦難。世上沒有不變的路，人間沒有不謝的花。苦難宛如天邊的雨，說來就來，無法退卻，無法逃避；苦難又似橫亙的山，趕不走，只有跨越，只有征服。面對苦難，要緊的是心不煩意不亂，閉上你的眼睛，聆聽一段清泉叮咚的樂曲，幽遠清晰的旋律會送你一份寧靜與安詳。

　　人生是一個面對問題並解決問題的過程。問題能啟發我們的智慧，激發我們的勇氣，問題是我們成功與失敗的分水嶺。為解決問題而付出努力，能使思想和心智不斷成熟。我們的心靈渴望成長，渴望迎接成功而不是遭受失敗，所以它會釋放出最大的潛力，盡可能將所有的問題解決。面對問題和解決問題的痛苦，能讓我們得到最好的學習。美國開國先哲班傑明·富蘭克林說過：「唯有痛苦才會帶來教益。」面對問題，聰明者不因

害怕痛苦而選擇逃避，而是迎上前去，直至將其戰勝為止。遺憾的是，大多數的人似乎不是聰明者。在某種程度上，人人都害怕承受痛苦，遇到問題就慌不擇路，望風而逃。有的人不斷拖延時間，等待問題自行消失；有的人面對問題視而不見，或盡量忘記它們的存在；有的人與麻醉藥和毒品為伴想把問題排除在意識外，換得片刻解脫。我們總是逃避問題，而不是與問題正面搏擊；我們只想遠離問題，卻不想承受解決問題帶來的痛苦。

巴爾札克說過：「苦難是人生的一塊墊腳石，對於強者是筆財富，對於弱者卻是萬丈深淵。」的確，沒有誰的一生是平平坦坦的，我們每個人都不可避免的要經歷轉變命運的一個大坎——失學、失業、失戀、失去親人、失去財富、失去健康。

有一年，農夫見到上帝說，五十年來我沒有一天停止祈禱，祈禱不要有風雨、冰雹，不要有乾旱、蟲災。可無論我怎樣祈禱總不能如願。農夫忽然吻著上帝的腳道：「全能的主呀！您可不可以明年承諾我的懇求，只要一年的時光，不要大風雨、不要烈日乾旱、不要有蟲災？」上帝說：「好吧，明年必定如你所願。」第二年，由於沒有狂風暴雨、烈日與蟲災，農夫的田裡果然結出很多麥穗，比往年的多了一倍，農民高興不已。可等到收割的時候，農夫發現麥穗竟全是癟癟的，沒有什麼好籽粒。農夫問上帝：這是怎麼回事？上帝告知他：由於你的麥穗避開了所有的考驗才變成這樣。一粒麥子尚離不開風雨、乾旱、烈日、蟲災等挫折的考驗，對於一個人，更是如

此。有人說過，人的臉型就是一個「苦」字，天生就該受盡各種苦難。此言不謬。想人之一生，在自己的哭聲中臨世，在親人的哭聲中辭世，中間百十年的生活，無時無刻不在與艱難、困苦、疾病、災害打交道。

假如人生沒有磨難，其本身就是一種災害。長期生活在一順百順、無憂無慮的環境中，淘汰不了劣者，篩選不出強者，人類就不會進化，社會也不會向前發展。而我們每個人認真審閱自己的心靈，總會發現，點燃自己靈魂之光的，正是一些當時被視為磨難和困苦的境遇或事件。一個完善的人生，真的需要歷練。所以，從某種意義上說，「苦難」是上帝饋贈給人類最好的禮物！但苦難變成財富是有條件的。邱吉爾在自傳中這樣寫道：「苦難是財富還是屈辱？當你克服了苦難時，它就是你的財富；可當苦難克服了你時，它就是你的屈辱。」

人生是一場艱辛之旅，其過程苦難重重。這是世界上最偉大的真理之一。它的偉大，在於我們一旦想通了它，就能實現人生的超越。那些從苦難中走出來的人，才是真正懂得「甜」味的人。

第三節
別被自卑感主宰內心，快快趕走讓自信當家

　　自卑不是天生的，而是在後天環境中逐漸形成的。有些人自卑是因為家裡窮，有些是因為自己的長相不佳，還有一些是因為學歷較低等。找到造成你自卑的真正原因，然後去努力改變，你就能擺脫這樣的局面。

　　現實生活中，我們幾乎每個人都知道自信對事業、對人生的重要性。但是知道自信的必要性，並不等於有了自信。實際上，缺乏自信一向是困擾人們的大問題，有項針對某大學選修心理學的學生所做調查，其中有一道問題是個人最感困擾的事，調查結果顯示，缺乏自信的人占 75% 的比率。生活中，因循、畏縮、深陷於不安，無能感，甚至對自我能力懷疑的人，幾乎隨處可見。這種類型的人對於自己是否具備擔負責任的能力而疑慮，他們也懷疑自己能否抓住有利機會，他們總認為事情不可能順利進行，從而總是抱著忐忑不安的心態。此外，他們也不相信自己可以擁有心中想要的東西，於是他們往往退而求其次，只要擁有少許的成就便覺得心滿意足了。

　　自卑心理帶來的影響是巨大的。它輕則影響一個人的生活和事業，重則會使人對生命產生扭曲的認知，從而使自己的精神走向崩潰的邊緣。對那些有自卑心理的人，怎樣才能幫助他們建立自信心呢？可以從以下幾個方面做嘗試：

第一，突出自己，挑前面的位子坐。在各種形式的會議中，在各種類型的課堂上，後面的座位總是先被人坐滿，大部分占據後排座位的人，都希望自己不會「太顯眼」。而他們怕受人注目的原因就是缺乏信心。坐在前面能建立信心。因為敢為人先、敢上人前、勇於將自己置於眾目睽睽之下，就必須有足夠的勇氣和膽量。久之，這種行為就成了習慣，自卑也就在潛移默化中變為自信。另外，坐在顯眼的位置，就會放大自己在領導或老師視野中的比例，增強反覆出現的頻率，達到強化自己的作用。把這當做一個規則試試看，從現在開始就盡量往前坐。雖然坐前面會比較顯眼，但要記住，有關成功的一切都是顯眼的。

第二，睜大眼睛，正視別人。眼睛是心靈的視窗。一個人的眼神可以折射出性格，透露出情感，傳遞出微妙的資訊。不敢正視別人，意味著自卑、膽怯、恐懼；躲避別人的眼神，則折射出陰暗、不坦蕩心態。正視別人等於告訴對方：「我是誠實的，光明正大的；我非常尊重非常尊重你，喜歡你。」因此，正視別人，是積極心態的反映，是自信的象徵，更是展示個人魅力的方式。

第三，昂首挺胸，快步行走。許多心理學家認為，人們行走的姿勢、步伐與其心理狀態有一定關係。懶散的姿勢、緩慢的步伐是情緒低落的表現，是對自己、對工作以及對別人不愉快感受的反映。倘若仔細觀察就會發現，身體的動作是心靈活動的結果。那些遭受打擊、被排斥的人，走路都拖拖拉拉，

缺乏自信。反過來,改變行走的姿勢與速度,有助於心境的調整。要表現出超凡的信心,走起路來應比一般人快。將走路速度加快,就彷彿告訴整個世界:「我要到一個重要的地方,去做很重要的事情。」步伐輕快敏捷,身姿昂首挺胸,會給人帶來明朗的心境,會使自卑逃遁、自信滋生。

第四,練習當眾發言。面對大庭廣眾講話,需要巨大的勇氣和膽量,這是培養和鍛鍊自信的重要途徑。在我們周圍,有很多思路敏銳、天資頗高的人,卻無法發揮他們的長處參與討論。並不是他們不想參與,而是缺乏信心。在公眾場合,沉默寡言的人都認為:「我的意見可能沒有價值,如果說出來,別人可能會覺得很愚蠢,我最好什麼也別說,而且,其他人可能都比我懂得多,我並不想讓他們知道我是這麼無知。」這些人常常會對自己許下渺茫的諾言:「等下一次再發言。」可是他們很清楚自己是無法實現這個諾言的。每次的沉默寡言,都是又中了一次缺乏信心的毒素,他會越來越喪失自信。從積極的角度來看,如果盡量發言,就會增加信心。

第五,學會微笑。大部分人都知道笑能給人自信,它是醫治信心不足的良藥。但是仍有許多人不相信這一套,因為在他們恐懼時,從不試著笑一下。真正的笑不但能治癒自己的不良情緒,還能馬上化解別人的敵對情緒。如果你真誠的向一個人展顏微笑,他就會對你產生好感,這種好感足以使你充滿自信。正如一首詩所說:「微笑是疲倦者的休息,沮喪者的白天,悲傷者的陽光,大自然的最佳營養。」人道主義者威特·波庫指

出，在每個人的內心深處都有一種靈性，憑藉這一靈性，人們得以完成許多豐功偉業。這種靈性是潛在於每個人內心深處的一股力量，即維持個性，對抗外來侵犯的力量。它就是人的「尊嚴」和「人格」。

人們為了維護自己的尊嚴和人格，就要克服自卑、戰勝自我。因此，令人難堪的種種因素往往可以成為發展自己的跳板。一個人的真正價值取決於能否從自我設置的陷阱裡超越出來，而真正能夠解救我們的，只有我們自己。即所謂「上帝只幫助那些能夠自救的人」。

第四節
征服自己，一切就盡在掌握中

　　一位哲人說過：「人生最大的敵人就是自己。」細想起來此話非常有道理，這樣的事例並不少見。一個人失敗常常不是輸給競爭對手，而是輸給自己。有的人因為貪色、貪權、貪錢，結果自掘墳墓，跌落到深淵。那些成功者也不是才高八斗，學富五車，是因為他們能夠清醒的認識自己，準確的把握自己，從而有效的征服自己。

　　懂得征服自己是一種清醒，善於征服自己是一種智慧。人世間艱難與挫折在所難免，逃避與退讓只能使你與成功失之交臂。征服自己方能征服一切，有自制力才能抓住成功的機會。偉大生活的基本原則都是包含在大多數人永遠不會去注意的最普通的日常生活經驗中，同樣的，真正的機會也經常藏匿在看來並不重要的生活瑣事中。

　　一個雨天的下午，有位老婦人走進匹茲堡的一家百貨公司，漫無目的的在公司內閒逛，很顯然是一副不打算買東西的態度。大多數的售貨員只對她瞧上一眼，然後就自顧自的忙著整理貨架上的商品，以避免這位老太太去麻煩他們。其中一位年輕的男店員看到了她，立刻主動的向她打招呼，很禮貌的問她，是否有需要他服務的地方。這位老太太對他說，她只是進來躲雨罷了，並不打算買任何東西。這位年輕人安慰她說，即

使如此，她仍然很受歡迎，並且主動和她聊天，以顯示他確實歡迎她。當她離去時，這名年輕人還替她把傘撐開。這位老太太向這名年輕人要了一張名片，然後逕自走開了。

好長時間過去了，這位年輕人完全忘記了這件事情。有一天，他突然被公司老闆召到辦公室去，老闆向他出示了一封信，是位老太太寫來的。這位老太太要求這家百貨公司派一名銷售員前往蘇格蘭，代表公司接下裝飾一所豪華住宅的工作。

這位老太太就是美國鋼鐵大王卡內基的母親。她也就是這位年輕店員在幾個月前很有禮貌的接待的那位老太太。在這封信中，卡內基母親特別指定這名年輕人代表公司去接受這項工作。這名年輕人如果不是曾熱情的招待了這位不想買東西的老太太，那麼，他將永遠不會獲得這個極佳的晉升機會。

高人一籌的自制力使這位年輕人養成了在任何情況下都彬彬有禮的習慣，而這種習慣回報給他一個美妙而不可多得的機會。自制能力是在日常生活和工作中善於控制自己情緒和約束自己言行的一種能力。一個意志堅強的人是能夠自覺控制和調節自己言行的。如果一輛汽車光有發動機而沒有方向盤和剎車的調節，汽車就會失去控制，不能避開路上的各種障礙，就有撞車的危險。一個想要有所成就的人如果缺乏自制力，就等於失去了方向盤和剎車，必然會「越軌」，甚至「撞車」、「翻車」。一個人在完成自己工作的過程中，必然要接觸各式各樣的人，處理各式各樣複雜的事，其中有順心的，也有不順心的；有順利的，也有不順利的；有成功的，也有失敗的，如缺乏自制能

力，放任不羈，勢必搞壞關係，影響團結，挫傷積極性，甚至會因小失大，鑄成大錯而後悔莫及。這樣，就很難把車開到目的地。因此，必須善於克制自己，不使自己的言行出格。

每個人走向成功的路徑雖然不同，但共同點卻只有一個，那就是善於征服自己。善於征服自己的人是詩人，他能夠將簡單的字元變為一首美麗動人的詩篇；善於征服自己的人是作曲家，能從指縫間彈奏出激烈豪邁的壯歌。善於征服自己，就能領悟到人生的真諦。征服自己是一個永無止境的過程，什麼時候都不能停滯與滿足。世界上沒有一勞永逸的事，什麼時候都不能說自己已經完美無缺了，不需要征服自己了。征服自己如同逆水行舟，不進則退，只有自己不斷的征服自己，完善自我，最終才能夠戰勝困難，征服挫折，才能擁有一片廣闊的天空。古人說過：「修身，齊家，治國，平天下。」我們平常也說洗心革面、脫胎換骨，但不是喊幾句口號就能了事，需要勇敢的解剖自己，勇於拋棄舊我的精神。征服自己不是對自己的否定，而是對自我的完善，對自我的提高。魯迅先生說：「我時時在解剖別人，但更多的時候是在無情的解剖自己，這是對改造客觀世界的需要。」

征服自己要主動，不能隨波逐流。征服自己不能動搖，要執著。征服自己要腳踏實地的去奮鬥。征服自己，要無私奉獻，看準目標奮勇前進才能繪出人生輝煌的畫卷。

第五節
學會當超級英雄，扛起生命的大旗

　　古人說：「吃得苦中苦，方為人上人。」一個人要想有所作為，就必須具備能吃苦的精神。孟子說：「天將降大任於斯人也，必先苦其心志，勞其筋骨，餓其體膚。」高爾基苦難的童年為人熟知。安徒生總結自己一生的經驗時也說：「一個人必須經過一番刻苦的奮鬥，生活才會有成就。」

　　吃苦是人生之本。如果說前輩的吃苦精神基本上是環境逼出來的話，那麼年輕一代則要「自覺吃苦」。所謂「自覺吃苦」，一是要有吃苦的思想準備，深諳「寶劍鋒從磨礪出，梅花香自苦寒來」的道理，把吃苦當做磨練自己意志的「磨刀石」，自覺投身於艱苦的生活和工作中，在磨練中累積吃苦的精神財富。二是要自覺的找苦吃。要挑艱苦的工作去做，並有意識的與苦為伍，勇於同艱苦的環境和困難較量。三是要以苦為榮、以苦為樂。一個以吃苦為樂的人，才能克服前進道路上的任何困難。敢吃苦的人先苦後甜，是因為他們能吃苦而不會再吃苦；怕吃苦而不吃苦的人，先甜後苦，是因為他們怕吃苦而偏偏吃苦。先苦後甜，是苦盡甘來。這種苦是經驗，是財富，是美好的回憶。先甜後苦，是甜盡苦來，這種苦是教訓。

　　吃苦是一種折磨，是一種資本，也是一種思想境界，而能

吃苦更是一種精神。有了這種精神，就意味著具備了一種百折不撓、頑強打拚的堅韌鬥志，一種自強不息、勇往直前的進取精神，一種不怕犧牲、忘我奉獻、不懈追求的堅強毅力，一種埋頭苦幹、勤勉不懈的務實作風，一種常懷憂患、居安思危的清醒態度，一種富貴不淫、貧賤不移的高尚情操。能受苦方為志士，肯吃虧不是痴人，能吃苦耐勞自古以來就是傳統美德。大凡成功者，無不是吃苦在前，享樂在後，他們對自己的事業痴心不改，任勞任怨。艱苦奮鬥是成就事業的必經之路。著名科學家錢三強說過：「古今中外凡成事業、對人類有作為的，無一不是腳踏實地，艱苦攀登的結果。」著名數學家華羅庚在一首詩中寫道：「勤能補拙是良訓，一分辛苦一分才。」艱苦奮鬥是磨練意志的主要途徑，許多名人成功之後被世人譽為天才，豈不知一個人不可能完美無缺，生活道路也不可能一帆風順。有了吃苦精神，就能形成樂觀向上的人生態度，無論是在艱難困苦的逆境之中，還是在條件優越的順利之時，「自古雄才多磨難，從來紈褲少偉男」。古今中外許多有成就的人都曾得益於清貧和痛苦的磨練。

敢吃苦、能吃苦的人，他的人生才快樂，因為他們能吃苦而先苦後甜，而怕苦的人都偏偏先甜後苦。先苦後甜，是苦盡甘來，是「萬水千山只等閒」般的瀟灑；先甜後苦，苦意倍濃，這種苦是教訓，是透支後的虧損，是萬般無奈的現實，是「落花流水春去矣」般的沮喪。痛苦常與歡樂相伴，艱辛總與甜美

相隨。「吃苦是良圖，作苦事，用苦心，費苦勁，苦境終成樂境。」今天的苦澀艱辛孕育著明天的甜潤幸福。在艱苦中去實現自己的人生價值，這種甜前之苦，包含勇敢，包含智慧，更包含了奮鬥進取的奉獻精神。

第六節
挫折是成功不打不相識的好朋友

　　大海因為擁有波瀾，才更顯壯麗；樹木因為接受雨的洗禮，才更顯蒼翠；而生活因為有了挫折的存在，才多了幾分感動，幾分堅強……於是，要在挫折面前展示出最堅強的微笑，勇敢的對它說「不」！大多數人的成功都是經過多次挫折而成的，遇到挫折與失敗，要相信自己，才會有勇氣去迎接挑戰，才不會在困難和挫折面前半途而廢。

　　當你一個人剛走上充滿羈絆與坎坷的人生之路時，偏偏又遇上了「大雨」，腳下的路變得越來越艱難，你瞭望遙遠的前方，又看了看身後已朦朧了的歸路，你會作怎樣的選擇？是坐在地上失聲大哭，還是勇敢而執著的跨出每一步？一個選擇決定著你是否成功。在挫折面前，如果選擇的是前者，那麼你就會看見挫折在狂笑，笑你的自卑，笑你的膽怯。但，如果慶幸的是你的選擇是後者，那麼挫折便會躲在黑暗的角落裡瑟瑟發抖。所以，在挫折面前，用你最堅強的笑容去打敗它，讓它在你陽光般的微笑中消亡。面對帕拉林匹克運動會中那些賽場上的英雄，領獎臺上的成功者，你是否感動於這些在日常生活中看似不起眼甚至不受人們正視的身心障礙者所創造的成功呢？無論偉人還是平凡的人，都不應該屈服於挫折，相信自己，你也會登上屬於你自己的山峰。

　　面對挫折能夠保持一種恬淡平和的心境，是徹悟人生的大
智慧。一個人要想取得成功必須要保持健康的心境，需要昇華
精神，積蓄能量，修練道德。只有經歷過挫折才能領悟「大柔
非柔、至剛無剛」的人生道理，才能在人生中讓我們心智更加
清明、腳步更加堅定。在生活中到處都是修身的機會，到處都
是人生的經驗。人人都希望迴避失敗，可人人都經歷過失敗，
要想成功必須經歷失敗，要想不敗必先戰勝失敗。要想不敗必
須成功的化解失敗，要想不敗必須大膽挑戰失敗、超越自我。
在生活中要處處居安思危，對生活心生敬畏、如履薄冰、一步
一個腳印，才能永遠立於不敗之地。

　　有一次，蘇格蘭國王布魯斯率軍與英格蘭軍隊打仗。他被
打得落花流水，只得躲在一所不易被發現的古老的茅屋裡，他
失望了。當他失望與悲哀的躺在柴草床上的時候，看見一隻蜘
蛛正在結網，國王氣憤的將蜘蛛網扯破。可是他發現蜘蛛並不
在意災害的發生，而是立刻開始工作，打算再結一個新網；國
王又把牠的網破壞了，蜘蛛又開始結另一個網。國王開始驚奇
了。他自語道：「我已被英格蘭的軍隊打敗了六次，我是準備
放棄戰爭了。假使我把蜘蛛的網破壞六次，牠是否會放棄牠的
結網工作呢？」他將蜘蛛的網扯破了六次。蜘蛛對這些災難毫
不介意，開始第七次結新網。這一切讓國王鼓起了勇氣，他決
意再作一次決戰，從英格蘭人的手裡解放他的國家。他召集了
一支新的軍隊，很謹慎而且耐心的做著準備，終於打了一次勝
仗，把英格蘭人趕出了蘇格蘭國土。

　　美國發明家愛迪生為試製燈泡的燈絲用過上千種材料，其中的失敗足以讓他放棄此試驗，但正是由於「百折不撓」的忍耐精神，使他獲得了「光明使者」的稱號。據說愛因斯坦是世界上最聰明的人，他對挫折的理解也是最深刻的：「月復一月，年復一年，我想了又想，但有九十九次的結論是錯的，不過，第一百次總算對了。」在挫折面前，越是勇敢的堅持，耐心的守候，越能穩健的站立。

　　所以，一個人最困難的時候，也就是離成功最近的時候。挫折是一塊墊腳石，挫折造就人才。命運壓不垮人，反而會使人們更堅強起來。挫折本身不是好事，但如果能在挫折中百折不撓、越挫越勇，那麼，挫折就會變成財富。世上無難事，只怕有心人。只要用耐心去堅持，用恆心去守候，用一顆無畏的心去追求，我們就會收穫成功。如果每個人都懂得「吃得苦中苦，方為人上人」的道理，那麼，成功將不再是一件遙不可及的事情。或許，人生真的像一次旅行，當你踏上火車，你不知道旅途上會發生什麼，成功？失敗？沒人會知道。但我們知道其中一定會有許多困難、挫折等著我們，只有不輕言放棄，才會離成功更近，離光輝的明天更近！

第七節
內心強大就像擁有核子反應爐，力量銳不可擋

　　一個內心強大的人，才是真正有思想的人。內心強大，表明他對這個世界、對社會、對人生，已經有了一整套比較完整的看法。內心強大的人，不必是色厲內荏，外強中乾，甚至可能外表懦弱，但是內心堅強。內心強大的人，一定是有自己堅定信念的人，這種信念不是口頭上的，而是發自內心深處的。也不僅僅是在知識上的，而且是帶有深厚情感，有著豐富的人生閱歷，以及廣闊的視野。這種內心的強大，常常意味著極其的自信，而這種自信常常就來自深刻的意識到自己的淺薄，以及對自然，對人生的深深敬畏。因為敬畏，才沒有恐懼感。因此有一種特別的開放意識與開放心態，對於任何不同的聲音，都能夠認真聽進去，能夠用自己的頭腦再想一想，對自己自信的東西仍然保持一份警惕。

　　因此，內心強大的人不會拒絕去聽一聽，想一想不同的聲音。但是，由於他的內心的強大，他也不會一聽到不同的聲音就焦慮不安，就立即改變自己的想法，而且是在不同的聲音面前，學會用邏輯、常識、常理、直覺、經驗及科學的方法再重新檢驗一次。而事實上，這樣的檢驗不會是第一次，而是反覆多次，而且成為一種常態。反覆多次，成為常態，仍然得到堅守，之後的東西才是穩固的。內心裡，真正穩固的東西多了，

他就強大了。因此，內心強大的人並不是不再改變，而是不再需要改變自己處於信念核心中的東西。一個人信念中核心的東西，如果經常被改變，那麼，他的精神世界就是迷茫與混沌一片，這樣的人，即使著書立說，也是朝令夕改，立場不堅定，邏輯不一貫，對自己想要什麼，自己想過怎樣的生活，毫無主見。

信念核心究竟是什麼？就是你的世界觀、人生觀與價值觀。你怎樣看待這個世界，你怎樣認識人生，你怎樣看待幸福與意義，這些東西在一個內心強大的人那裡是完全圓融自適的。內心強大的人，也就是真正有思想的人；或者說真正有思想的人，也是內心強大的人。這樣的人，即使身處世俗世界裡的所謂逆境，他的內心也是平和的、自信的，且是充滿快樂的。因為，他的世界不再只是世俗世界，他還有自己獨有的完美的內心世界，在這個世界裡，他有自己的幸福標準與快樂標準，在這個王國裡，他享受著別人無法享受也無法理解的幸福與快樂。

愛人如己，如果一個人，把自己打理很糟糕，內心很混亂，心靈很脆弱，那麼，他無疑就缺乏了愛的力量，一個糟糕的人即使愛人如己，也只會把別人弄得與自己一樣糟糕。因此，他懂得珍惜自己生命中的每寸時光。也因此，內心強大的人，他有自己的生活主題與生命意義。在生命意義上，他堅信，天上地下，唯我獨尊。並且相信每一個人的生命都有這個權利，他自尊，更懂得尊重別人，他追求幸福，更懂得尊重他

人的幸福，他作出選擇，更懂得尊重他人的選擇。

有思想的人，並不一定就是有原創思想的人，那些接受來的思想，只要與他的生命與生活產生了強烈的共鳴，那種思想也將使他內心變得強大。思想與人的生命是密不可分的。有思想，就是意味他用自己作為人的生命開始思考，用自己生命去體驗生活，感受世界，不以人的毀譽而判定自己的價值與意義，不活在別人的眼光裡。即使所有人與他為敵，即使全世界的人誤解了他、孤立了他，他也能夠淡然而堅定的生活。這時，他就成了易卜生所說的「那個最孤獨的人，就是世界上最有力量的人。」內心強大的人，在真理與真相面前，是勇於成為大眾之敵的人，成為千夫所指的人，也就是真正有思想的人，這樣的人的內心世界就到了強大至極的地步，它所蘊涵的能量也是驚人的。

內心強大的人無論在什麼時代，什麼國度，都將是極少數的一個群體。但是，有一個可以肯定的事實是，這樣的人在一個多元、開放、平等、自由的社會裡，將更有生存的土壤。而且這樣的人也不再會成為國民之敵，也不容易成為孤峰，他不必要用「道不行，乘桴浮於海」作為自己的出路。儘管他也可能孤獨，但是孤獨在這裡是一種幸福，是一種享受。內心強大的人、思想豐富的人，他不在乎有多少人誤解了他，也不在乎有多少世俗的偏見，因為他的內心就是一個完美的世界。一個人內心的豐富，足以彌補物質的匱乏。內心強大的人，就是真正有思想的人，而真正有思想的人，也必然是內心強大的人。

第八節
把失敗變成財富，它能讓你瞬間成為贏家

　　一個人對失敗和挫折採取什麼態度，決定這個人可以從生活中獲得多大的成長與進步，決定這個人未來的輝煌與發展。

　　從這個意義上來說，失敗對我們是一種特殊的考驗。考驗我們的什麼呢？考驗我們的心智。有過失敗經歷的人，往往更能總結出實戰的經驗來。這些經驗就包括人、財、物的各個方面，而這些經驗，也正是我們東山再起時真正需要的。我們要把錯誤和失敗當做是改變自我，提高、完善自我的學習機會，只要我們能經受住歷練和考驗，就能從失敗和挫折中踏出一條希望之路。

　　創業者多去看別人失敗的經歷，成功的原因千千萬萬，失敗的原因就這麼幾個。去學習那些失敗經驗以後，不僅不會讓你的膽子更小，而是讓你的膽更壯。這十年以來，無論失敗、成功，團隊取得的這些經歷是最大的財富 —— 這是最重要的東西。創業者要的是一種經歷，人一輩子不會因為做過什麼而後悔，很多時候，到年紀大的時候，是因為沒做過什麼而後悔！

　　失敗並不表明你是一個失敗者，失敗者最大的失敗就是再也不能面對可能出現的失敗，我們永遠不要在一次失敗與最終失敗之間人為的畫上等號。在沒有停止努力之前，在沒有徹底否定以後可能出現的成功之前，你還不是個真正的失敗者，你

應該只是遇到了挫折。成功就是由一個又一個失敗累積的，你所遭遇的一切不幸將可能在暗中成就你明天的好運氣。失敗的原因有很多，戰國時期的韓非曾說過：「不會被一座山壓倒的人，卻可能被一塊石頭絆倒。」如果你的性格中有自大、自滿等不良因素，那麼你就應該努力改變它，因為這種性格因素，都是極易引發失敗的直接原因，而由這種因素引發的失敗，將會讓你損失慘重。人生百分之九十九都是失敗，只有能夠利用失敗的人，才能獲得成功。如果你想做一件新的工作，你最好準備用百分之五十的時間去失敗。因此，如果是害怕失敗的話，那麼就絕對不可能向新的工作發出挑戰，就算是挑戰了也必然會失敗。關鍵是你是否能利用失敗，能不能在失敗中有所收穫。

可以肯定的說，沒有人喜歡失敗。因為，失敗是令人痛苦的經驗，甚至是讓你的人生受到重創的體驗。然而一生順利且從未嘗過失敗滋味的人，估計是不存在的。不管你有多麼偉大，多麼不同凡響，只要你是一個人，只要你是一步一步的走著你的人生之路，那麼你就或多或少的經歷過失敗，只不過是輕重程度不同而已。

當然，你也可以不承認這一點，你完全可以說自己從未失敗過，因為你的人生之路非常順暢，你從未遭受過任何打擊與一點點的失敗。但是如果你沒有經歷過失敗，那麼可以肯定的說，你的人生毫無意義，你的所謂成功也是一種虛幻。因為，沒有經歷過失敗的人生是枯燥的，是缺乏真實意義的，甚至說

是不可能存在的。誠然，一般人幾乎都諱言失敗，甚至有些人
更是談失敗而色變。其實，失敗並不可恥，真正可恥的，是不
承認自己有過失敗經歷的人。因為在人生旅途上，失敗是正常
的，不失敗才是不正常的，重要的是面對失敗的態度是什麼，
是否能夠反敗為勝。如果因為一時的失敗便一蹶不振，那麼可
以說，不是失敗打垮了你，而是你那顆失敗的心把你自己打
倒了。

　　人的一生不可能一帆風順、事事如意。當考驗和磨礪來臨
的時候，要勇敢面對，不放棄、不逃避，面對風雨與考驗。在
一個人失敗落魄的時候，最能檢驗一個人的本質和能力，從來
沒有一個英雄向困難投降，也從來沒有一個害怕挫折和失敗的
人能夠擁抱勝利和輝煌。失敗並不可怕，只要有戰勝困難的勇
氣，不屈不撓的鬥志，相信總有一天你會捲土重來，東山再起。

　　人類發展的過程就是從失敗中走向失敗，否定而又否定，
最終走向真正的成功的過程。失敗並不代表著上帝懲罰你，
失敗是上帝在考驗你，失敗是智者鍛鍊才能的機會。經歷過失
敗，你會更加沉穩、更加成熟，你會更加能幹、更加歷練，在
面對風雨人生時，你才能更有信心！

第六章
你的心態還需要被「校正」

　　現代醫學心理學認為，由於各種複雜的內部和外部原因，人的大腦機能存在著一種抑制現象，使得人們長期難以察覺自己的能力。在意想不到的強刺激條件下，這種抑制被解除，蘊藏在人體內的潛能會突然爆發出來，產生一種神奇的力量。科學家指出，人的能力有百分之九十以上處於休眠狀態，沒有被開發出來。如果你有野心成就一番事業，你可以嘗試以此刺激自己的潛能，或許，它所釋放出的能量遠遠超乎你的想像。

第一節
我們都是隱藏的寶藏，等待發現自己的金光閃閃

　　每個人都是一座蘊藏著巨大能量和潛力的金礦，在追求財富和人生幸福的道路上，當我們為成功而殫精竭慮時，我們是否曾經叩問自己的心靈，假如我是一塊黃金，我的含金量是多少？我應該如何開發自己的金礦？如何發揮上帝賦予我的獨特的天賦呢？一個人一旦放棄屬於自己的天賦，就有可能失去人生的金礦。其實，上帝在賦予大自然無數寶藏的同時，更給予了我們人類最珍貴的金礦，這種金礦深深的埋藏在每個人平淡無奇的生命之中。

　　一個人到底有多大潛力，有人曾做過一個實驗：

　　一位教授到一所學校作講座。他拿起一個杯子，往裡面放滿了大石塊。這時，他問下面的同學：「請問，這個杯子裝滿了沒有？」下面的同學陸陸續續回答：「裝滿了！」教授搖搖頭，說道：「其實它還沒有裝滿。」說著，他拿起一袋小石塊向杯中倒去，他又問道：「這次裝滿了嗎？」下面一片寂靜，同學們面面相覷，你望望我，我望望你……片刻後，終於有一位同學站起來，他小聲回答道：「教授，它還沒有裝滿。」教授微笑著望著他，隨後，又拿起一袋沙子向杯中倒去。

　　這個故事說到這裡，相信大家已明白其中蘊涵的道理：人

的潛能是無限的，你永遠也不可能將它開發完，但你得盡可能的去開發它。

一位名叫史蒂芬的美國人，他因一次意外導致雙腿無法行走，已經依靠輪椅生活了二十年。他覺得自己的人生沒有了意義，喝酒成了他忘記憂愁和打發時間的最好方式。有一天，他從酒館出來，照常坐輪椅回家，卻碰上三個劫匪要搶他的錢包。他拚命吶喊、拚命反抗，被逼急了的劫匪竟然放火燒他的輪椅。輪椅很快燃燒起來，求生的欲望讓史蒂芬忘記了自己的雙腿不能行走，他立即從輪椅上站起來，一口氣跑了一條街。事後，史蒂芬說：「如果當時我不逃，就必然被燒傷，甚至被燒死。我忘了一切，一躍而起，拚命逃走。當我終於停下腳步後，才發現自己竟然會走了。」現在，史蒂芬已經找到了一份工作，他身體健康，與正常人一樣行走，並到處旅遊。

一雙二十年來無法動彈的腿，竟然於危在旦夕的關頭站了起來。這不禁讓我們產生疑問：到底是什麼因素使史蒂芬產生這種「超常力量」的呢？顯然，這並不僅僅是身體的本能反應，它還涉及人的內在精神在關鍵時刻所爆發出的巨大力量。

現代心理學所提供的客觀資料讓我們驚詫的發現，絕大部分正常人只運用了自身潛藏能力的百分之十。可以這麼說，每個人都有一座「潛能金礦」等待被挖掘。有人可能會問，到底要怎樣才能成功挖掘自己的潛能呢？主要是兩個方面：

第一，學會正確歸因。潛能需要激發，這種激發是一個過

程。在這個過程中，很多因素會影響我們是否能順利激發潛能，能否正確歸因就是其中一個關鍵因素。積極歸因是我們每個人都需要學會的。當學習取得進步時，可以將其歸功於「自己的努力」，這樣會激發自己想進一步取得成功的欲望和繼續努力的動力；也可以把這些進步當做自己能力強的展現，從而使自己產生一定的滿意感，增強成功的信心。

第二，養成良好的習慣。習慣就像一個能量調節器，好習慣自發的激發我們的潛能、指引思維和行為朝成功的方向前進，壞習慣則反之。好習慣會激發成功所必須的潛能，壞習慣則在腐蝕有助於我們成功的潛能寶庫。人與人之間的差距，有時候就是發掘潛力大小的差別。而發掘潛力的大小，與環境的艱苦、對手的強弱、事情的複雜程度有很大的關係。有人說，人的能力如水中冰山，所表現出來的不過是露出水面的一小部分，絕大部分隱藏在水面之下。潛力得不到發掘和釋放，是人才資源的浪費，是事業的損失。許多機遇可能會與我們擦肩而過，生命也會因此而失去本該具有的燦爛和輝煌。

每個人都有潛能可以挖掘，每個人都有自己獨特的個性和特長。只要給予足夠的關懷、信任和鼓勵，善於引導和發掘，我們就可以把這座金礦轉化為財富。不要看低自己，建立自信，我就是一座金礦，只是沒有被開採而已。其實開採權就在你手裡，以前你也許不知道，別人也沒有告訴你，今天就把金子開採出來。記住尺有所短，寸有所長，而我們每一個人都有自己的特長。

第二節
野心是藏寶圖，濫用它就會消失無蹤

　　一說到「野心」，人們往往就想到了那些一心想爬上高位的人。所以，一談到有如此野心的人，人們不是唾罵便是指責。這是因為，用野心謀取權勢的人，為了達到個人的目的常常是不擇手段的。那麼，這種有野心的人的結局如何呢？常常也是不怎麼光彩，即使達到了高位也往往是坐不安穩的，一旦倒臺便是身敗名裂。

　　然而，在現實生活中還存在著一種野心，那就是健康的野心。人最大的虛榮莫過於對名譽的追求，但這同時也是人聰明才智的最崇高標誌。因為一個人無論他在世界上能占有什麼，無論他的健康和享受達到何種水準，只要他尚未獲得人的尊嚴，他就絕不會滿足。這種不滿足經過發酵就會演變為野心，如果一個人把這種「野心」用在工作和事業上，往往會成為他取得成功的強大動力。因為，工作上和事業上沒有「野心」的驅使，就不會有積極的行動。不求進取，甘於平庸，只能摧毀積極的人生，不但害己，而且害人，更有害於社會。只有積極進取、不甘墮落、勇於創新、奮力打拚的人，才能想做事，能做事，會做事，做成事，達到人生光輝的頂點，實現自己期待的人生目標。

　　俄國作家列夫·托爾斯泰就在自己的日記裡直言不諱，真正

的自尊和野心常常激勵他去行動。令他回味無窮的經歷是在雜誌上閱讀《馬克爾的筆記》的評論，托爾斯泰發現這些評論既能供人消遣又具有使用價值，因為從中能看到「野心的光亮可以換來行動」。

研究創造行為和科學多樣性的心理學家，將野心看作一種最有創造性的興奮劑，他們相信野心在本質上就是充滿活力的東西。當然，過火的野心勃勃便是醜惡了。野心是形成自我尊重心理的偉大力量 —— 如果這種野心是健康的而非是只追求名聲的病態野心。那麼，它將使一個人變得更為完美，並能推動他探索自己前進的航向。一個人若不追隨那些比自己知之更多也更聰明或完美的人，他要獲得智慧、發展和提高自己，如果說不是不可能的話，至少也是很難的。

拿破崙有一句名言：「不想當將軍的士兵不是好士兵。」這句名言是對正常野心的解釋。真正有野心的士兵會把成為「將軍」當做最終的目的，他可以不惜任何代價、真心實意的獻身於這項事業。所以，對那種專注某一種事業或要立志走在前列的人，有「野心」比沒有野心要強得多。而且實際證明，在事業上有野心的人，他們會不辭辛苦，無私奉獻。所以，這種「野心」實質上就是一種對工作和事業上的責任心及進取心，其精神是可嘉的，令人尊敬的。

第三節
調整心態開關，讓生活有趣起來

　　一個人用怎麼樣的心態去對待這個世界，世界會以同樣的態度回贈他。如果你認為世界是陰暗的，險惡的，無情的，那世界將真的會變成你認為的那樣；如果你以積極的心態對待世界，它就是光明的、充滿希望和愛心的。

　　古往今來，人們對待自己的命運，有兩種不同的態度，那就是積極主義和消極主義。積極主義是美好命運的建造者，它帶給我們的就是太陽所給予花草樹木的；消極主義是悲觀的，它就像是一個黑暗的地牢，毀滅了一切生氣與繁榮。「失敗」正在等著那些總看事物陰暗面的人。他們頭腦中只有罪惡、失敗和醜惡，那麼等待他們的也只有這些。

　　有這樣一個人，他近半生的努力和奮鬥都在一場金融危機中毀於一旦。他什麼也沒有了，剩下的僅有他的堅強和勇氣，還有那等著糊口的一大家子人。一般人都以為他會一蹶不振，但他握緊拳頭、勇敢的面對現實，並堅信自己將來一定會贏回屬於自己的一切。幾年後，他真的做到了重振昔日的雄風。

　　人不能成為外界的傀儡、環境的奴隸，我們要努力創造適合自己的環境和條件。任何事情的發生都是有理由的，這個理由就是我們思想態度。我們對待事物的思想態度會創造成功和失敗的環境。而我們工作的結果將會自動的與我們的思想靠

近，那些積極的思想將會創造積極的結果。

約翰是美國海軍陸戰隊的一名少校。在幾個月前的一次訓練中，一塊手榴彈片飛進了他的左腿，經過醫生的診斷，要保住性命必須切掉左腿。聽到這個消息，約翰痛苦不堪。

他畢業於西點軍校，在校時是棒球隊隊長。他曾下定決心終身從軍，不過依照現在的情形看來，他的夢想將成為泡影，退伍是唯一的選擇。儘管他覺得自己仍有很多東西可以貢獻給部隊，可是他也清楚的知道，受過重傷的軍人是很少能重回戰場的。他每年必須通過一次健康考核，而自己已經成了一個身障者，每想到這裡約翰就悲痛難忍。約翰在痛苦中出院了，望著自己曾經奔跑過的棒球場，他不禁為自己不能在棒球場上一展雄姿而流下了熱淚。

有一天，約翰為了找回昔日的美好，戴著義肢登上了棒球場。在等候擊球輪次時，約翰注意到一名隊友滑進了第三壘。他心想：假如換作我，會如何呢？輪到他擊球時，他一棒把球擊到了場中央。他揮手示意替其跑壘者讓開，自己邁動僵硬的腿，痛苦的向前奔跑著。在第一壘和第二壘之間，他瞅見外野手將球拋向第二壘的守壘員。他閉上眼，使出全身的力氣往前衝，一頭滑進了第二壘。隨著裁判的一聲「安全入壘」，約翰開心的笑了。

幾年之後，約翰欲率領一個中隊穿越惡劣的地形，進行戰地訓練。可是，上司用疑惑的眼神看著他那條義肢，約翰沒有因上司異樣的眼光而自卑，而是用實際行動給予了回答。他說：「每當我的義肢陷入泥濘時，我就叮嚀自己：這便是你無腿可站

時的情形。」

　　現在，約翰透過自己的艱苦努力已晉升為四星上將。他對自己的成功是這樣總結的：「我的遭遇讓我了解到，困難不分大小，完全取決於你的態度。你用消極的情緒去迎接困難，即使困難再小也顯得很大；你用積極的情緒去面對它，再大的困難也不算什麼。當你走出失去的陰影時，才能發現原來自己並非一無所有，只是失去身體上一個小小的部分，還有許多其他的東西可以供你好好的生活。」

　　許多人由於外界的影響而喪失了自信，他們本來積極的思想變得消極起來。他們逐漸失去了心中的信念，這一切也許都來自別人對自己的評價，或者來自自己對自己的評價，從而認為自己有很大缺陷，認為自己工作不稱職，認為自己根本不懂工作。這些微妙的思想起伏將逐漸消磨他們的積極性，這些可憐的受害者不再像以前那樣精力充沛的對待任何事情。他們漸漸失去了果斷，開始懼怕決定一些重要的事情，他們的思想也變得優柔寡斷，這樣他們不再是以前威風凜凜的領導者，而是現在低人一等的隨從。

　　害怕失敗，害怕丟臉，使很多人失去了成功的機會。這種焦慮不斷折磨他們，使他們洩氣，使他們無法高效的工作。所以，我們必須擁有一種協調與平和的思想，一種自由的思想，這樣我們才能變得更有效率。同樣，我們的想法應該具有建設性，具有創造力，而不是帶有破壞性。勇氣、信心與決心才是我們精神世界中至關重要的東西，它們將為我們帶來成功。

第四節
發掘你的正能量，擁有專屬小太陽

在物理學中，正能量的概念是這樣定義的，以真空能量為零，能量大於真空的物質為正，能量低於真空的物質為負。後來這個定義被延伸到社會領域。正能量指那些一切予人向上和希望、促使人不斷追求、讓生活變得圓滿幸福的動力和感情。「點燃正能量，引爆小宇宙」、「點燃正能量，運氣擋不住」，這兩句話也成了當下網路最熱的句子。每個人都有一股正能量。找出自己內心那股神祕的力量，你就會發現真實的自我。然後，你可能會做出一盤更好的菜餚，寫出一本更好的書，或做一次更精采的演講。成功將向你敞開大門。

毫無疑問，那些永遠表現出一種勝利者姿態的人與那些認為自己是一個失敗者的人有著天壤之別。同時，他們所得到的結果也將存在著天壤之別。有些人往往表現得很軟弱，性格孤僻，喪失了信心，缺乏勇氣與活力。與這樣的人相比，那些表現得自信、積極、精力充沛，相信自己有能力的人，無疑更有機會取得進步，成為一個真正的成功者。

一位員工總是管不好自己的鑰匙，不是弄丟了，就是忘了帶，要不就是反鎖在門裡。他的 301 辦公室就他一人，老是撬門也不是個辦法，於是在配鑰匙時便多配了一把，放在了 302 辦公室。這樣一來使他無憂無慮的過了好些時日。有一天他又

沒帶鑰匙，恰好 302 室的人也都出去辦事了，又吃了閉門羹，於是他又在 303 也放了鑰匙。外邊存放的鑰匙越多，他自己的鑰匙也就管得越鬆懈，為保險起見，他乾脆在 304、305、306⋯⋯都存放了鑰匙，多多益善。最後就變成了這樣：有時候，他的辦公室，所有的人都進得去，只有他進不去，所有的人手中都有鑰匙只有他的鑰匙無處可尋。其實，他那扇門鎖住的，就只是他自己。

在現實生活中放棄自己的權利，讓別人的意志來決定自己生活的人實在不少。他們上學、擇業、婚姻⋯⋯統統託付或交給他人決定，他們失去了自我追求、自我信仰，也就失去了自由，最後變成了一個毫無價值的人。人生最大的損失，莫過於失去自己。

一位畫家把自己的一幅佳作，送到畫廊裡展出，他別出心裁的在旁邊放了一枝筆，並附言：「觀賞者如果認為這畫有欠佳之處，請在畫上做上記號。」結果畫面上標滿了記號，幾乎沒有一處不被指責。過了幾日，這位畫家又畫了一張同樣的畫拿去展出，不過這次附言與上一次不同，他請每位觀賞者將他們最為欣賞的妙筆都標上記號。當他再取回畫時，看到畫面又被塗滿了記號，原先被指責的地方，都換上了讚美的標記。這位畫家不受他人的操縱，終於找回了自我。

上面兩個故事裡的主人公，他們的所作所為，反映了兩種不同的思維方式、兩種不同的心態和兩種不同的結果。前者是沒有自我目標的思維方式，消極的心態，必然會產生可悲的結

果。後者是自主的思維方式，充滿自信的心態，必然會產生成功的結果。

在這個世界上，確實有一些人顯得微不足道，他們在社會交往中也沒有任何地位。原因在哪裡？這是因為他們從沒有以一個勝利者或者征服者的身分去思考、去做事。他們往往缺乏建設性的、充滿活力的精神態度，他們往往給人以一種軟弱的形象。在一個人沒有學會如何展現自己的能力時，他永遠不會具備任何吸引力或說服力，來吸引自己所期待的事物。只有積極向上的品格才可以吸引現實中美好的東西，幫助我們實現自己的理想，而消極懦弱的品質則會排斥這樣的東西。

所以，一個成功者首先擁有的應該是一個成功的精神態度，這才是作為一個成功者必須具備的基本素養。

第五節
小事累積成大事，拼圖少了一塊都不完整

　　很多人都想做一番大事，因為做成大事業的回報巨大，並且可以證明自己的存在價值，獲得大家的羨慕和尊敬。然而，不是每個人想成功就都能成功的，很多成就了大事的人正是源於他們對小事的態度，一個人只有善於做小事，才能成就大事。

　　古語云：不積跬步無以至千里，不積小流無以成江海。騏驥一躍，不能十步；駑馬十駕，功在不舍。小事不是不變的常數，而是一個變數、活數。小事與大事之間有著常變、常新的辯證法，在小事中蘊涵著深刻的學問、哲理。我們講的小事，單從字義上理解，「小」字的含義無非就是涉及的範圍小、存在的支撐面小、受人們的關注小、成就的成果小。從內涵上分析，「小」字覆蓋著社會生活的各方各面，社會是由諸多小的元素所組成、構建的。每個人的衣食住行、生老病死、柴米油鹽，看起來是小事，實際上都是大事。小中有大，小中見大。大是由諸多個小聚成、建成、形成的。「每個人所做的工作，都是由一件件小事構成的」。只有肯做小事，從小事做起，才能打好大事的基礎，創造出不平凡的業績。人，只有努力、刻苦、勤奮的做好小事，才有可能成就大事業。正所謂：「一屋不掃，何以掃天下？」小事都做不好，又如何做得大事呢？

　　生活中，越是不顯眼的小事，越要努力做好，這是制勝的

關鍵。事不厭小、事不厭煩、事不厭細，把小事做好，就能成就事業。任何一個人的成功都不是偶然的，許多成功者的經驗告訴我們，正是在一些小事情上的建樹，才成就了成功的結局。人，必須具備一種鍥而不捨的精神、一種堅持到底的信念、一種腳踏實地的務實態度、一種自動自發的責任心，把身邊的小事做好才有作用、價值。所以，在工作中，沒有任何一件小事是微不足道的、小到可以被拋棄；沒有任何一個細節該被忽略、放棄的。同樣是做小事，不同的人會有不同的體會和成就。不屑於做小事的人做起事來十分消極，他是在工作中混時間；積極做小事的人安心於工作，把做小事作為奉獻社會、他人與鍛鍊自己、提高自身的機會。把每一件簡單的事做好，就顯得不簡單；把每一件平凡的事做好，就顯得不平凡。所以，我們在做小事上，應具有責任心，也就是從工作細節中學習知識，增強本領，不斷提升自己。

小事成就大事，成就完美細節。做好每一件細節小事，對每個人來說，也是一種理念、一種素養的培養。在我們的日常生活工作中，做好每一件細節小事，不僅在理念上對小事要有個正確的認知，大事是由若干細節小事構成，世上本無小事，每一件小事都要當成一件大事來做，只要認真、踏實、勤奮的做好每一件小事，才是我們做事的原則。

抓小事，要善於「謀」。必須明白策略方向與抓細節的關係。正所謂「四兩撥千斤」。抓小事，要「快」。就是主動出擊，以快制勝，增強抓細節、促落實的時效性。小事情雖小，可能

隱藏著大事；小矛盾雖輕，可能醞釀著大問題。如果錯過了解決問題的最佳時機，小事可釀成大事，留下隱患，造成損失。

抓小事，要「敢」。敢抓小事，就是勇於負責，勇於碰硬，在急難險重的工作中，勇於衝鋒陷陣。善抓小事，要注意「實」。長於實，就是實事求是、腳踏實地。我們要不斷提高觀察細節問題、解決細節問題的能力，使自己善於抓住細節，以求真務實的精神、扎扎實實的工作作風，把大事做實，把小事做細。

第六節
打開每扇機會的大門，你可能會發現驚喜

　　冒險就是你抓住一個機會，希望自己變得更好，不論這種改變是為了你的生活形態、性格習慣還是人際關係。人生不如意十常八九，平時刻意讓自己去應付一些難題，可以讓你預習如何去面對突發的狀況。如果你從不冒險一試，那你一生也不過隨波逐流，生活中的風浪可以隨時把你給打下去。

　　人們常說：「機不可失，時不再來。」但有很多人只有等到機會從身邊溜走之後，才恍然大悟，如夢初醒，急得上竄下跳。機遇對任何人都是公平的，關鍵要看你是否勇於冒險。敢冒風險的人才能有機會成就大事。對那些隨遇而安的人來說，機會在他面前出現時，他也很難把握得住。機遇常與風險並肩而來。一些人看見風險便退避三舍，再好的機遇在他眼中也都失去了魅力。這種人往往在機會來臨之時踟躕不前、瞻前顧後，最終什麼事也做不成。我們雖然不贊成賭徒式的冒險，但任何機會都有一定的風險性，如果因為怕風險就連機會也不要了，無異於因噎廢食。

　　大凡有「野心」成大事者，無不慧眼辨機，他們能在機會中看到風險，更能在風險中逮住機遇。這個世界是一個物質的世界，雖然金錢不是萬能的，但是有時當機遇向你展開笑臉的時候，沒有錢是萬萬不能的。這時需要你拿出一定的膽量，用

盡你的積蓄去搏一搏。此時很可能以很少的投入換來巨大的收穫，就看你捕捉機遇的能力，哪怕只有很少的創業資本，也可能會成就一番大事業。

　　風險和危險是對近義詞，兩者是緊密相連的。美國前總統尼克森曾說過：「漢字用兩個字元來書寫 Crisis（危機）這個單字。『危』字代表著危險的意思；『機』字則代表著機會的意思。身處危機中，意識到危險的同時，不要忽略機會的存在。」心理學家認為，「危險」是指對人構成威脅、讓人產生畏懼、驚恐等不良情緒反應的人或事。用認知心理學的觀點分析，「危險」的可怕不在於危險本身，而在於人們對危險的認知。例如：同樣站在十米跳臺上，訓練有素的跳水運動員可以輕鬆的做出複雜動作後入水。而對於患有懼高症的人來說，光是走上十米跳臺的過程都讓他兩腿發軟。所以，面對危險，首先要提醒自己，危險，並沒有想像的那樣可怕。

　　「危險」讓人恐懼之處還在於它往往與失敗、挫折、受傷等負面情緒緊密相連。所以，理性看待風險與失敗的內在連繫是至關重要的。在變幻莫測的市場環境中，市場動盪越大，風險越大，機遇和成功指數也就越大。有的人由於怕承擔風險，而任憑機遇與自己擦肩而過；有的人則以超人的膽略捕捉了它，投機遇所好，從而獲得了巨大的商機和財富。機會常常有，結伴而來的風險其實並不可怕，就看你有沒有勇氣去逮住成大事的機會。敢冒風險的人才有最大的機會贏得成功。古往今來，沒有任何一個成大事者會不經過風險的考驗。「不經歷風雨，

怎能見彩虹」，不去冒風險，又怎能把握住人生的關鍵呢？機會稍縱即逝，猶如白駒過隙，當機會來臨時，善於發現並立即抓住它，要比貌似謹慎的猶豫好得多，猶豫的結果只能是錯過機遇，果斷出擊才是改變命運的最好辦法。

那些用「野心」成大事的人，不僅因為他們是捕捉機遇、創造機遇的高手，更因為他們慣於在風險中獵獲機遇。

第七節
勇氣不是天生的，而是逼出來的

　　人活在世界上不僅是為自己活，也在為別人活著。之所以世界上會有不同的人，是因為他們面對事情的勇氣有大有小。在機遇面前，有這樣三種人：一是本本分分做人，每天生活還行，但最起碼他們有勇氣面對生活；二是不夠本分，但他們有足夠大的勇氣，所以他們有所作為；第三就是那些既不本分又沒勇氣的人了，所以他們一無所成。因此人活著就要骨子裡有勇氣、有氣魄。無論何時，當面對困難時都想的是用足夠的勇氣去戰勝它，只要去做你就有可能勝利，如果你連做的勇氣都沒有，你永遠不會成功的。

　　從某種意義上來說，風險有多大，成功的機會也就有多大。由貧窮走向富裕，需要的是把握機遇，而機遇對每一個人是平等的。具有過度安穩心理的人常常失掉一次次成功的機會。所以，人生應當抓住稍縱即逝的機會，過度的謹慎就會失去它。在我們身邊，許多相當成功的人，並不一定是他比你「會」做，更重要的是他比你「敢」做。

　　大家都知道，如果一個人滿足現狀、停滯不前，是不會有光明的前途的。因為他在意志上失去了求進的勇氣。現實中，成功之門從來就是虛掩的，它總是留給那些有勇氣去推開的人。只有那些自信、做事不退縮、勇敢而富有冒險精神的人，

才能成就偉大的事業。我們知道，有勇氣不等於不恐懼，勇氣是你儘管害怕，儘管痛苦，但還是繼續向前走。在這個世界上，微小的勇氣，能夠達到無限的成就。

勇敢是成功者必備的素養。試想，那些成大器的人怎樣把握難得的機遇？他們大多有決心打破心理和環境的種種束縛，向不可預知的未來挑戰，一旦下定決心，就不留退路，最終獲得了成功，支撐他們的力量就是勇氣。

在如今生存競爭激烈的社會裡，那些做事三心二意、缺乏勇氣、毫無決斷力的年輕人到處都會受到排擠。大凡嚮往成功的年輕人，不但要做到意志堅定，還要迅速把握機會、鼓起勇氣、立即行動。那些不相信自己、不敢把握機會的人，永無出頭之日。如果一個青年人生性膽怯、缺乏自信、遇事總猶豫不決、故步自封、沒有判斷力、毫無冒險精神，那他的一生一定會在死氣沉沉、毫無希望可言的日子裡度過。這些不幸的人沒有意識到生活為什麼如此受到限制，沒有意識到是恐懼扼殺了自主性、減少了生活的歡樂、妨礙了前途。一種完善的生活往往意味著一個人擁有很大的勇氣，擁有一種擺脫障礙的勇氣。

人人都希望成功，但很多人始終處於等待觀望中，不敢冒險，不敢做不確定的事情，這樣，很難得到成功的機會。劍橋教授總是這樣告誡自己的學生：一個年輕人應該有血氣和膽量去面對任何艱險危難的事情，還要有堅強的自信心，肯勇往直前。

第七章
難道要一輩子當情緒奴隸？

　　古希臘哲學家亞里斯多德曾說過：「任何人都會生氣，這沒什麼難的，但要能適時適所，以適當方式對適當的對象恰如其分的生氣，可就難上加難。」由此可以看出，一個人要想取得成功，要學會對自己的情緒進行管理和控制，善於控制、治理自身情緒的人，能夠消除情緒的負效能，最大限度的開發情緒的正效能。善於管理自己情緒的人，無論在哪裡，都會受到歡迎，在事業上也較容易成功。

第一節
把情緒當成馴服的小獸

　　人不可能永遠處在好情緒之中，生活中既然有挫折、有煩惱，就會有消極的情緒。一個心理成熟的人，不是沒有消極情緒的人，而是善於調節和控制自己情緒的人。年輕人在成長的過程中，也要慢慢學會調節和控制自己的情緒。這並不是說要壓抑自己的消極情緒。心理學研究顯示，「壓抑」並不能改變消極的情緒，反而使它們在內心深處沉積下來。當它們累積到一定程度時，往往會以破壞性的方式爆發出來，給自己和他人造成傷害。同時壓抑還會造成更深的內心衝突，導致心理疾病。

　　不良的情緒對我們正常生活的影響是很大的。不能很好的解決它，我們勢必總會陷於泥淖之中。對於這一類不正常的情緒，有的人會一吐為快，不過他們的怨言和牢騷常讓家人朋友不堪其擾。另一些人則求助於醫生，依靠鎮靜劑、抗憂鬱劑或抗焦慮劑等藥物來尋找解脫。這樣做短時間內能緩解問題，但從長遠來看，對身體的害處還是挺大的。目前，心理學家已經找到一種不吃藥的「療法」。這一療法強調自我調節的作用，逐步消除不良情緒對自己的影響。此療法歸納起來一共有六點，具體說來如下：

　　第一，增加運動的機會。缺乏鍛鍊的人情緒的不穩定性遠比經常鍛鍊的人高，由於經常鍛鍊，其思維的敏捷性也相對提

高，很容易意識到自己在哪方面出了缺陷，又由於處在運動之中，會把令人煩惱的東西丟在一邊，轉移了注意力，從而改變不良的情緒。相反經常坐辦公室懶於運動者，其情緒一直受到壓抑而得不到排除。運動不僅是一種肌肉的鍛鍊，也是一種情緒的放鬆。

第二，講究飲食。心理學家認為，食物和情緒之間都存在著一種基本的連繫。碳水化合物之所以是一種能起鎮靜作用的安慰「食品」，原因在於它能刺激大腦產生出一種使人感到鎮靜和放鬆的化學物質，五十克左右的碳水化合物就能達到鎮靜作用。像爆米花和椒鹽捲餅一類的低熱量食品，能具有和炸麵餅圈以及炸馬鈴薯片等食品相類似的效果。食用蛋白質有助於維持人的機靈和腦力，這方面最理想的食品有水生貝殼類、雞和牛肉，一般有一百至兩百克即可。

第三，改善環境。顏色是精神的「營養物」，其作用如同維生素對身體一樣重要。為了擺脫煩躁和憤怒，暫時避開紅色會有幫助；在與沮喪和消沉「鬥爭」時，應該盡量不穿黑色或深藍色這一類讓人情緒低落的服裝，應多接觸使人精神輕鬆的溫暖、明快和活躍的色彩；減輕焦慮和緊張宜用具有撫慰和平靜作用的中性顏色，病房之所以時常運用柔和的淺藍色，道理就在於此。環境的改變不僅是顏色的改變，離開髒亂的環境，到一個整潔的地方也是一個好方法。

第四，積極思維。思維方式消極或反常的人會時常感到壓抑，因此認識並且學會改變這種思維方式就顯得十分重要了。

試驗結果發現，那些能夠在困難之中尋找有趣之物的人，要比只會哭的人情緒好得多。人在哭泣時似乎只能產生適得其反的結果，因為他們所想到的是——「瞧！我哭得夠傷心的」或者「我的確被弄得心煩意亂了」。但是積極的思維則完全不同，能使人在悲觀中看到希望，化冷漠為熱情，變焦慮為鎮靜。

第五，旅遊和外出。當心情煩悶時，看看青山綠水，看看裊裊炊煙，泛舟江湖之上疲勞，苦悶之感頓消，這也是古代的文人們常用的方法，當抑鬱不得志時，何以解憂，唯有出遊！

第六，看電影。這其實是個好方法，當你憂鬱時，看個喜劇片，特別是看周星馳的一些經典電影，你就想笑，當他朗誦著「黑夜給了我一雙黑色的眼睛」，你都笑到肚子痛。無論是電影和戲劇，當你看時，你會很投入，這種移情會讓你忘掉自己的煩惱。

第二節
別把衝動當成翅膀，否則最後只會被動墜地

　　在成功的路上，很多人的失敗其實並不是缺少機會，或是資歷淺薄；而是缺乏對自己情緒的控制。憤怒時，不能遏制怒火，容易衝動，使周圍的合作者望而卻步；消沉時，放縱自己頹廢，把許多機會白白浪費。

　　對生活中常見的令人不愉快的事情你會發脾氣嗎？你曉得什麼時候應該發脾氣、什麼時候不應該發脾氣嗎？如果你在行走時，碰到別人開車從你身邊呼嘯而過，使你大吃一驚，你是否會破口大罵呢？很多人會因此發脾氣，甚至為此不高興一天。卻不知，對方可能早已高高興興的參加聚會去了。要化解不良情緒，我們不妨以風趣、溫和的態度解釋當時的情形：「他大概是有急事吧。」然後，一笑置之。反之，忍住不發脾氣就永遠是好的嗎？比如：當你的孩子在念書時，鄰居的音響開得很大聲，你只管忍耐，不去伸張權益，結果如何呢？這種情況下，我們忍住不發脾氣，也等於在縱容別人做不該做的事情。

　　生活中不愉快的事情很多，我們常常會因為這些事情而控制不住自己的情緒，導致一些不應該的後果。

　　在心靈導師卡內基所著的《人性的弱點》中有這樣一篇文章，講的是美國某個政黨有位剛嶄露頭角的候選人，被人引薦到一位資深的政界要人那裡，希望這位政界要人能告訴他一些

政治上獲得成功的經驗，以及如何獲得選票。但這位政界要人提出了一個條件，他說：「你每次打斷我的說話，就得付五美元。」候選人說：「好的，沒問題。」「那什麼時候開始？」政客問道。「現在，馬上就可以開始。」「很好。第一條是，對你聽到的對自己的詆毀或者侮蔑，一定不要感到憤怒。隨時都要注意這一點。」「噢，我能做到。不管人們說我什麼，我都不會生氣。我對別人的話毫不在乎。」「很好，這是我經驗的第一條。但是，坦白的說，我是不願意你這樣一個不道德的流氓當選的……」「先生，你怎麼能……」「請付五美元。」「哦！啊！這只是一個教訓，對不對？」「哦，是的，這是一個教訓。但是實際上也是我的看法……」資深政客輕蔑的說。「你怎麼能這麼說？」新人似乎要發怒了。「請付五美元。」「哦！啊！」他氣急敗壞的說，「這又是一個教訓。你的十美元也賺得太容易了。」「沒錯，十美元。你是否先付清錢，然後我們再繼續談？因為，誰都知道，你有不講信用和喜歡賴帳的『美名』……」「你這個可惡的傢伙！」年輕人發怒了。「請付五美元。」「啊！又一個教訓。噢，我最好試著控制自己的脾氣。」「好，收回前面的話。當然，我的意思並不是這樣，我認為你是一個值得尊重的人物，因為考慮到你在低賤的家庭出生，又有那樣一個聲名狼藉的父親……」「你才是一個惡棍！」「請付五美元。」這是這個年輕人學會自我克制的第一課。然後那個政界要人說：「現在就不是五美元的問題了。你要記住，你每發一次火或者對自己所受到的侮辱而生氣時，至少會因此而失去一張選票。對

你來說，選票可比銀行的鈔票值錢得多。」年輕的候選人嘗到了自己壞情緒帶來的教訓。但幸運的是，這次教訓是在他參選之前，如果在日後真正的競選中是這樣，那他的失敗就已經注定了。

人為什麼很難控制自己的情緒？這還要從情緒本身說起，情緒是人對事物的體驗。愉快、憤怒、恐懼等都是常見的情緒體驗。情緒是人對客觀事物與人的需要之間的關係的反映。它是以需要為仲介的一種反映形式。客觀事物並不全部都能引發人的情緒，只有與人的需要有關的事物，才能引發人的情緒。一般的說，凡滿足人的需要的事物，會引起肯定的情緒體驗（如愉快、滿意等），凡不能滿足人的需要的事物，則引起否定的情緒（如憤怒、恐懼等）。

一般認為，快樂、憤怒、恐懼和悲哀是四種最基本的情緒。這些情緒與人的基本需要相連繫，是不學而能為，通常還具有高度的緊張性。情緒上的長期緊張和焦慮往往會降低人體的免疫力。尤其是氣憤和懊惱的情緒更是引起許多身心性疾病的主要原因。

第三節
丟臉，有時反而讓你更加榮耀

　　許多人都把體面看得非常重要，正所謂：「木要樹皮，人要面子。」愛面子原本也無可厚非，但如果是過於愛面子就有點得不償失了。愛面子的人放不下的就是做人的「人」字，可人是有血有肉卻有靈性的，為什麼不做些稍微的讓步讓大家皆大歡喜呢！一些人往往因為放不下自己的面子，因而失去了人生中許多可貴的東西，等到後悔莫及的時候一切都晚了。放下面子，是一種巨大的勇氣，是一種自信，是一種大度，更會獲得豐厚的回報！

　　許多的人都信奉「士可殺，不可辱」的格言，特別在遇到衝突的時候，更是「寧可玉碎，不為瓦全」。直白的說，就是自己放不下面子而已。把自己的面子放在了第一位，認為人生沒有比面子更重要的事情了，因而也就什麼事都為了那一張「臉皮」而苟活，那就十分悲哀了。有時適當的放下自己的面子又何妨呢？人總不能一輩子都會順心如意，如果丟不開面子，放不下尊嚴，就沒辦法進步，那麼我們只能是生活中的看客。在很多的時候，如果能放得下自己的面子，那麼我們的人生會更加的豐富與充實。

　　在生活中，人們都想使自己表現得聰明，都怕在眾人面前出醜。因為很多人認為，聰明人絕不會丟面子，丟面子的人必然是笨蛋。然而，事實並非如此，並不是你不丟面子就能讓自己更加聰明，也不是你不丟面子就能使人生更加成功。很多時

候，我們不知道自己的面子怎麼丟的，也就不知道什麼叫真正的面子。不要害怕丟面子，更不要因為一時的丟面子而覺得難堪、愧疚，實際上只有勇於丟面子，才能增加對自己磨練，才能離成功更近。聰明的人、有智慧的人是令人羨慕的，但是他們的聰明和智慧都是在無數次丟面子中練就出來的，丟不起面子，就很難取得成功。

西楚霸王項羽因放不下面子，不僅賠了美人還斷送了自己的前程。漢高祖劉邦因為放得下面子，不僅反敗為勝而且還成就了一番事業。對比可知，放得下面子和放不下面子是和事業成敗直接相關的。如今，漢高祖劉邦已成為一些學者的研究對象，他的成功方法也被現代管理學廣為應用。

在實際工作中，我們常常放不下自己的面子，我們會跟自己的上級賭氣，會跟自己的同事計較，甚至我們還會跟我們的客戶計較。很多時候，或許就因為一句話，我們就面紅耳赤、大打出手了。就為一時的面子，覺得上司是在為難我們；就為一時的面子，我們覺得在工作中得不到同事的配合；就為一時的面子，即將到手的訂單也不翼而飛。若要改變，就必須放得下自己的面子，除非你決心永遠這樣子。不要擔心自己的面子丟了，想要有所作為，想要獲得成功，我們一定要放得下面子。

當然，放下面子並不是一味的委曲求全、低三下四甚至捨棄自己的人格與尊嚴。我們要做一個「能屈能伸」的人。不拿面子當自己的「擋箭牌」，勇往直前，放下面子，超越自己。到那時，成功對你來講就近在咫尺了。

第四節
跟影子比賽，永遠都該是向陽的一方

人們常說，人最大的敵人不是別人，而是自己。所以，真正的成功，不在於戰勝別人，而在於戰勝自己。的確，人的一生中需要戰勝很多東西，成長的時候我們需要戰勝懶惰，奮鬥的時候我們需要戰勝平庸，失敗的時候我們需要戰勝挫折。而人生最重要的是戰勝自己。

人的一生就是一個不斷戰勝自己從而達到新的目標的過程。人生要想精采就要無數次。戰勝自己的過程可以使一個人發覺自己身上的無限潛能，戰勝自己的過程可以使一個人意識到自己的重要。

高爾基說過：「最偉大的勝利就是戰勝自己。」我們每一個人總是在不斷戰勝自己的過程中成長的。

歷史上有不少戰勝了自己才做出了一番事業的榜樣。西漢的司馬遷就是一個很好的例子。在遭受宮刑以後，司馬遷並沒有放棄對《史記》的寫作，他從漢代元封三年（西元前一〇八年）被封為太史令後開始閱讀、整理史料，準備寫作，到太始四年（西元前九一年）基本完成全部寫作計畫，共經過十六年。這是他用一生的精力、艱苦的勞動，並忍受了肉體上和精神上的巨大痛苦，用整個生命寫成的一部永遠閃耀著光輝的著作。這件

事如果換了意志力不強的人可能就放棄了，那歷史也沒有偉大的《史記》流傳於世了。

凡是能夠征服自己、超越自己的人，就具備了足夠的力量戰勝事業和生活中的一切艱難、一切挫折、一切不幸。

當然，我們不得不承認，人性都是有弱點的。大多數人一生中想的最多的是戰勝別人，超越別人，但是最需要戰勝和超越的實際是自己。我們常常看到有的人想努力學習、努力工作，卻戰勝不了自己的散漫和懶惰；想謙虛待人，卻戰勝不了自己的自負和驕傲；想和別人和諧相處，卻戰勝不了自己的自私和偏見。對這些人來說，戰勝了自己的懶惰，才會勤奮；戰勝了自己的驕傲，才會謙遜；戰勝了自己的固執，才會協調；戰勝了自己的偏見，才會客觀，戰勝了自己的狹隘，才會寬容；戰勝了自己的自私，才會大度。如果說懶惰、驕傲、固執、偏見、狹隘、自私是人性的弱點，那麼只有戰勝這些弱點，我們才能獲得勤奮、謙遜、協調、客觀、寬容、大度這些人性的優點。

第五節
忍耐是大事業的種子，耐心灌溉終有收穫

忍耐是對人生的一種考驗。人生中處處需要忍耐。正所謂「退一步海闊天空」，也許忍耐一下，誤會就會消除了。同時，忍耐也可以鍛鍊我們的意志和造就我們的智慧。忍耐可以使我們學會寬容。古時候廉頗為了為難藺相如，多次在藺相如坐轎回家的路上，自己也叫人抬轎過去阻擋，他自以為這樣可以為難藺相如，但事情並沒有像他想像的那樣。藺相如對他忍耐了，並讓他先過去。廉頗被他的這種忍耐感動了，於是才有了「負荊請罪」這個故事。

你要想成就一番大事業就必須得忍耐痛苦。珍珠這麼閃爍，全因蚌忍受了沙石的洗磨……學會忍耐，讓我們利用忍耐鍛鍊我們的意志，用忍耐來造就我們的智慧。

有一位年輕人畢業後被分配到一個海上油田鑽井隊工作。在海上工作的第一天，領班要求他在限定的時間內登上幾十公尺高的鑽井架，把一個包裝好的漂亮盒子拿給在井架頂層的主管。年輕人抱著盒子，快步登上狹窄的通往井架頂層的舷梯，當他氣喘吁吁、滿頭大汗的登上頂層，把盒子交給主管時，主管只在盒子上面簽下自己的名字，又讓他送回去。於是，他又快步走下舷梯，把盒子交給領班，而領班也是同樣在盒子上面簽下自己的名字，讓他再次送給主管。年輕人看了看領班，猶

豫了片刻，又轉身登上舷梯。當他第二次登上井架的頂層時，已經渾身是汗，兩條腿抖得厲害。主管和上次一樣，只是在盒子上簽下名字，又讓他把盒子送下去。年輕人擦了擦臉上的汗水，轉身走下舷梯，把盒子送下來，可是，領班還是在簽完字以後讓他再送上去。

年輕人終於開始感到憤怒了。他盡力忍著不發作，擦了擦滿臉的汗水，抬頭看著那已經爬上爬下了數次的舷梯，抱起盒子，步履艱難的往上爬。當他上到頂層時，渾身上下都被汗水浸透了，汗水順著臉頰往下淌。他第三次把盒子遞給主管，主管看著他慢條斯理的說：「把盒子打開。」年輕人撕開盒子外面的包裝紙，打開盒子——裡面是兩個玻璃罐：一罐是咖啡，另一罐是奶精。年輕人終於無法克制心頭的怒火，把憤怒的目光射向主管。主管又對他說：「把咖啡沖上。」此時，年輕人再也忍不住了，「啪」的一聲把盒子扔在地上，說：「我不做了。」說完，他看看扔在地上的盒子，感到心裡痛快了許多，剛才的憤怒發洩了出來。

這時，主管站起身來，直視他說：「你可以走了。不過，看在你上來三次的份兒上我可以告訴你，剛才讓你做的這些叫做『承受極限訓練』，因為我們在海上作業，隨時會遇到危險，這就要求隊員們有極強的承受力，承受各種危險的考驗，只有這樣才能成功的完成海上作業任務。很可惜，前面三次你都通過了，只差這最後的一點點，你沒有喝到你沖的甜咖啡，現在，你可以走了。」

　　忍耐，大多數時候是痛苦的，因為忍耐壓抑了人性。但是，成功往往就是在你忍耐了常人所無法承受的痛苦之後，才出現在你面前的。千萬不要只差那麼一點點就放棄了。無論是生活中還是商場上，只有忍到最後一刻才會發現一些意想不到的變化，才有希望看到轉機。或許你仍在嚮往一帆風順，可是卻在面對曲折的人生。其實所謂的一帆風順只是對自己的一種安慰而已，要堅信唯有奮鬥不息才能成為命運的主人。在一步步的努力中，你必須學會忍耐！功虧一簣都是因為不懂得忍耐的真正含義。

第六節
積極心態是事業建設的磚塊

　　美國成功學大師拿破崙·希爾關於心態的意義說過這樣一段話:「人與人之間只有很小的差異,但是這種很小的差異卻造成了巨大的差異!很小的差異就是所具備的心態是積極的還是消極的,巨大的差異就是成功和失敗。」是的,一個人面對失敗所持的心態往往決定他一生的命運。

　　積極的心態有助於人們克服困難,使人看到希望,保持進取的旺盛鬥志。消極心態使人沮喪、失望,對生活和人生充滿了抱怨,進而自我封閉,限制和抹殺自己的潛能。積極的心態創造人生,消極的心態消耗人生。積極的心態是成功的出發點,是生命的陽光和雨露,讓人的心靈成為一隻翱翔的雄鷹。消極的心態是失敗的溫床,是生命的慢性殺手,使人受制於自我設置的某種陰影。選擇了積極的心態,就是選擇了成功的希望;選擇消極的心態,就注定要走入失敗的沼澤。假如你想成功,想把美夢變成現實,就必須摒棄這種抹殺你的潛能、摧毀你意志的消極心態。

　　積極心態具有改變人生的力量,雖然人人皆可擁有,但有些心理障礙會導致積極思想無法發揮作用。一個人若是不斷的懷疑、質問,那是因為他不想讓積極思想發生作用。他們不想成功,事實上他們害怕成功。因為活在自憐的情緒中、安慰自

己，總是比較容易的。有時失敗是自己造成的。當別人提出新的建議（如積極思想），這有助於我們渡過難關時，我們總是下意識的使這些方法沒有用。這樣，我們便認定是這個原則無效，而不是我們自己有問題。當我們了解正是這些心理障礙作祟時，積極心態便開始發揮它的功用。

拿破崙·希爾曾講過這樣一個故事：

塞爾瑪陪伴丈夫駐紮在一個沙漠的陸軍基地裡。她丈夫奉命到沙漠裡去演習，她一個人留在陸軍的小鐵皮房子裡，天氣熱得受不了，在仙人掌的陰影下也有攝氏五十二度。她沒有人可談天，只有墨西哥人和印第安人，而他們不會說英語。她非常難過，於是就寫信給父母，說要丟開一切回家去。她父親的回信只有兩行，這兩行信卻永遠留在她心中，完全改變了她的生活：兩個人從牢中的鐵窗望出去，一個看到泥土，一個卻看到了星星。塞爾瑪一再讀這封信，覺得非常慚愧，她決定要在沙漠中找到星星。塞爾瑪開始和當地人交朋友，他們的反應使她非常驚奇，她對他們的紡織、陶器表示興趣，他們就把最喜歡但捨不得賣給觀光客人的紡織品和陶器送給了她。塞爾瑪研究那些引人入迷的仙人掌和各種沙漠植物，又學習有關土撥鼠的知識。她觀看沙漠日落，還尋找海螺殼，這些海螺殼是幾萬年前，這沙漠還是海洋時留下來的。原來難以忍受的環境變成了令人興奮、流連忘返的奇景。是什麼使這位女士內心有這麼大的轉變？沙漠沒有改變，印第安人也沒有改變，但是這位女士的念頭改變了，心態改變了。念頭之差使她把原先認為惡劣

的情況變為一生中最有意義的冒險。她為發現新世界而興奮不已，並為此寫了一本書以《快樂的城堡》為書名出版了。她從自己造的牢房裡看出去，終於看到了星星。

　　生活中，失敗平庸者大多主要是心態觀念有問題。遇到困難他們只是挑選容易的倒退之路。「我不行了，我還是退縮吧。」結果陷入失敗的深淵。成功者遇到困難，仍然是積極的心態，用「我要！我能！」、「一定有辦法」等積極的意念鼓勵自己，於是便能想盡辦法，不斷前進，直至成功。愛迪生試驗失敗幾千次，從不退縮，最終成功的發明了照亮世界的電燈。因此，成功學的始祖拿破崙·希爾說，一個人能否成功，關鍵在於他的心態。成功人士與失敗人士的差別在於成功人士有積極的心態，而失敗人士則運用消極的心態去面對人生。成功人士運用黃金定律支配自己的人生，他們始終用積極的思考、樂觀的精神和輝煌的經驗支配和控制自己的人生，失敗人士被過去的種種失敗與疑慮引導和支配，他們悲觀失望、消極頹廢，最終走向了失敗。

　　用積極心態支配自己人生的人，擁有積極奮發、進取、樂觀的心態，他們能正確的處理人生遇到的各種困難、矛盾和問題。用消極心態支配自己人生的人，心態悲觀、消極、頹廢，不敢也不去積極解決人生所面對的各種問題、矛盾和困難。

第七節
想要往前飛，就得放掉一些重量

　　在這個世界上，為什麼有的人活得輕鬆，而有的人活得沉重？前者是拿得起，放得下；而後者是拿得起，卻放不下，所以沉重。所以，人生最大的包袱不是拿不起來，而是放不下。所以，有人說：「人生最大的選擇就是拿得起，放得下。」只有這樣，你才活得輕鬆而幸福。

　　一個人在處世中，拿得起是一種勇氣，放得下是一種度量。對於人生道路上的鮮花、掌聲，有處世經驗的人大都能等閒視之，屢經風雨的人更有自知之明。但對於坎坷與泥濘，能以平常之心視之，就非常不容易。面對大的挫折與大的災難，能不為之所動，坦然承受，這是一種胸襟和度量。佛家以大肚能容天下之事為樂，這便是一種極高的境界。既來之，則安之，是一種超脫。但這種超脫，又需多年磨練才能養成。生活有時會逼迫你，不得不放棄權力，不得不放棄機遇，甚至不得不放棄愛情。你不可能什麼都得到，所以，在生活中應該學會放棄。而大多數人常常是放不下。我們不想丟掉手中的東西，還要拿起更多的東西。

　　放得下拿不起是悲哀。愚昧者不懂得該拿起什麼，飽食終日，無所用心，朝看水流東，驀看日西墜，俯首受制於人，把什麼都放下了，這種放下不是悲哀了嗎？

　　拿不起放不下是無奈。在世間知道了該拿什麼卻拿不到，天天期盼著，自始至終沒有拿到，那真是一種無奈。「英雄氣短，兒女情長」，拿得起情卻放不下愛，放不下牽掛，抱恨終生；執著追求著名、權、利，又不能如願，機關算盡，也是最大的無奈。

　　拿得起是能力，放得下是境界。拿起後不覺得累叫拿得起，放開後不表露傷心是放得下。心理強大者才拿得起，放得下，這種放得下才是福分。拿得起是入世，放得下是超脫。放得下是對鮮花、掌聲能等閒視之，對挫折、災難都坦然承受。「人生最大的敬佩是拿得起，生命最大的安慰是放得下。」煩事人人有，放下自然無。

　　人生最大的包袱不是拿不起來，而是放不下。拿得起，實為可貴；放得下，才是人生處世之真諦。只有先放得下，才能拿得起。只有這樣，人生才會有一個更好的結局。該拿起的就要拿起，該放下的就得放下，為生活把該拿得起的拿起，為坦然把該放下的放下，既拿得起又放得下，才是人生修練的最高境界。曾聽說過一句話：拿不起放不下的是下等人，拿得起放不下的是中等人，拿得起放得下的是上等人。你究竟是哪種人呢？苦苦的挽留夕陽的，是傻子；久久的感傷春光的，是蠢人。什麼也不願放棄的人，常會失去更珍貴的東西。做大事業者不會計較一時的得失，他們都知道放棄什麼，如何放棄。放棄，你就可以輕裝前進；放棄，你就可以擺脫煩惱和糾纏，使整個身心沉浸在輕鬆悠閒的寧靜之中。放棄還會改善你的形象，使

你顯得豁達豪爽；放棄會使你贏得眾人的信賴；放棄會使你變得更加精明，更加能幹，更有力量。

　　學會放棄吧！放棄失戀的痛楚；放棄屈辱留下的仇恨；放棄心中所有難言的負荷；放棄費盡精力的爭吵；放棄對權力的角逐；放棄對虛名的爭奪……凡是次要的、枝節的、多餘的，都要放棄。拿得起，實為可貴；放得下，才是人生處世之真諦。

第八節
經驗是成長的機會，後悔只是浪費時間

　　人生充滿了選擇。面對人生，要有當機立斷的決心，成功也好，失敗也好，遺憾也好，美滿也好，一旦作出了決定，就要有永不後悔的氣魄！

　　常常聽到人們說，「假如讓我重新開始，我一定會……」遺憾的是這永遠只是一個美麗的假設，人生就像穿過蘇格拉底的那片麥田，誰也沒有重新來過的機會。那麼，我們能做的就是要記住智者的啟迪，珍惜眼前的機會，使自己的每一次選擇哪怕是被迫的選擇，都成為一次無怨無悔的經歷。

　　很多時候，生活的本來面目是簡單的，卻被我們複雜化了，平添了許多不必要的細枝末節。如果你看世界簡單了，世界就會向你展示美好簡單的那一面。不必有太多的欲望，知足者常樂；無須有過強的偏執，寬容者愉悅。刪除繁瑣的記憶，摒棄身外的煩惱，人生本來苦短，功名利祿都是附加，唯有簡單方能多些快樂。

　　人生旅途中，我們總要經歷大大小小的選擇。選對環境，帶給你無限的歡悅，快樂一生；選對老師，教給你無窮的知識，智慧一生；選對行業，給予你豐厚的回報，成就一生；選對朋友，互相學習取長補短，受益一生；選對伴侶，將擁有甜美的愛情，幸福一生。

　　要記住，在這個世界上，你是獨一無二的，沒有人和你一樣，你也不需要去代替誰。在你的人生舞臺上，你是自己的主角，不需要去做誰的配角。如果你是女孩子，別在難過的時候接受男子的愛，那對他不公平，你也不會幸福，要分清楚，是喜歡還是同情或是憐憫。相信你終會遇到喜歡你而你又喜歡的人。所以別放縱愛、別吝嗇愛。不要為了任何人任何事折磨自己。如不吃飯、哭泣、自閉、憂鬱，這些都是傻瓜才做的事。當然，偶爾傻一下有必要，人生不必時時聰明。學會承受痛苦。有些話，適合爛在心裡，有些痛苦，適合無聲無息的忘記。當經歷過，你成長了，自己知道就好。很多改變，不需要你說，別人會看得到。

　　在漫漫的人生旅途中，有些東西該放棄，有些東西該擁有，可是人們常常放棄了，該放棄的偏偏要去擁有，於是都覺得自己活得很累。其實，如果覺得自己背負的「行囊」太多太重，以至於累得筋疲力盡，不妨「卸掉」一些多餘的「身外之物」，讓自己輕裝上陣。「急急忙忙走路的人是領略不到路邊美麗的風景的。」這是一句名言。或許你會失去所擁有的名和利，但你的心靈卻得到了自由與安寧。生活是多元的，關鍵是要在理想和現實之間找到一個契合點。不可能對所有喜歡的東西都一定要求擁有。有的時候選擇放棄也不失為一種灑脫、一種豁達，經常可以看到有人哀天怨地，為曾經做過的事後悔不已，為往事而消沉，為舊情而落魄。選擇放棄確實需要勇氣，但既然選擇了放棄就不要後悔，其實也沒有時間去後悔，因為既然

放棄了這一個，就要選擇另一個。所以，時間是不允許我們去後悔的，只允許我們去決定，去重新做起。

　　永遠不要後悔。我們無法選擇回去的路程，但是要清醒的面對眼前的挑戰，努力去調整，並相信自己會成功。無論你身處絕境，還是罹患重疾，你對過去無能為力，但你的未來並不那麼渺茫，只要你努力，堅信自己，人生往往會柳暗花明又一村。

第八章
勇者可以不再是「你朋友」

　　一個內心失去奮鬥的意志的人是不可能得到真正的尊重和關懷的，或許它需要的不應是愛和關懷，而是刺激和激勵，是打擊和磨礪。人是鍛鍊出來的，而不是保護出來的。所以，真正的強者是奮鬥出來的。一個人奮鬥未必都能成功，但成功者沒有一個是不經過奮鬥的。在人生的道路上，我們要堅信，命運掌握在自己手中。雖然經歷過失敗，經歷過痛苦，經歷過迷惘，卻依然豪情滿懷，鬥志激昂，勇敢的站起來，繼續自己的征程，這才是一個真正強者的表現。

第一節
不僅會做事，內心也是一位勇士

生活中真正的強者一定是面臨困難不後退的人、面對失敗不沮喪的人、面對壓力不屈服的人。可是這樣的人似乎並不多見。我們看到的往往是忙於追逐功名利祿的人。他們幾乎都在為這個目標奮鬥著，然而他們之中鮮有強者。

其實，真正的強者，不是外表的剛強，而是內心的剛強。不被外物打倒的是剛強，不被外物迷惑也是剛強。只有內心的剛強才是真正的剛強。人生當中，時時會面對誘惑，隨時會面對流言蜚語。一個人想在種種影響下堅持自己的目標需要的就是一種剛強。剛強的人就是認定目標堅持不懈的人。只要方向對，只要方法對，就毫不猶豫的堅持下去，這就是強者。

然而，強者也會遭遇失敗。面對失敗，並非每一個人都會坦然以對。因為沒有人會喜歡失敗。失敗意味著努力的白費，意味著要遭受別人的質疑，甚至嘲笑。但是剛強的人懂得失敗的意義，剛強的人會從失敗中接受教訓，剛強的人會繼續信心百倍的奮鬥下去。剛強的人比較優秀，因為他們用一種為別人所無法做到的方式奮鬥著。生命不息，奮鬥不止，他們深刻懂得奮鬥的意義。

好「鋼」都是煉出來的，而不是與生俱來的。要想由「鐵」變成「鋼」，只有一種途徑 —— 煉！有人說，《鋼鐵是怎樣煉

成的》主人公保爾是天生的英雄。其實，世界上並沒有天生的英雄。保爾之所以能夠成為英雄，完全是由於自身的努力 —— 在戰火紛飛的戰場，面對生與死的考驗，他沒有後退；在疾風暴雪的建設工地，面對常人難以忍受的勞累和飢寒，他沒有倒下。生活的磨練終於使他從一個出身貧苦的少年，成長為一名具有崇高理想、頑強意志和優良作風的共產主義戰士。人生，是一段曲折不平的路。在人生的旅途中，你會遇到重重的困難，要去面對失敗的打擊和不被人理解的痛苦。但是在突破障礙、戰勝困難後，回顧走過的道路，我們就會領悟到，那是鍛鍊人生的熔爐！多少英雄、偉人，都是在熊熊燃燒的火焰中鍛鍊出來的。常言道：「寶劍鋒從磨礪出，梅花香自苦寒來。」正是這個道理。

剛強讓人們懂得生命的意義，剛強讓人們在絕境中逢生，剛強讓人們在失敗中走向成功，剛強讓人類滿懷信心的走向發展繁榮的永恆。剛強是人生的真理，更是人類社會最寶貴的普世價值。剛強讓人類戰勝了一次又一次的災難，剛強讓人類衝出地球走向太空，剛強讓人類對未來充滿有無限憧憬。

剛強是一盞燈，指引著人類前進的方向。剛強是推土機，將人類前進路上的障礙清除。生命的強者，必是剛強的人。因為他們不容易屈服，更不容易被打倒。一個人要有自己的夢想，才不會被困難所嚇倒，不會被不幸所壓垮，才會在熊熊烈焰中千錘百鍊，成熟起來，強大起來，使自己成為生活中的強者，成為征服巨浪的勇士，成為登上高峰的勝利者！

　　我們要做一個生活的強者，只有這樣，我們才能在這瞬息萬變的世界中獲得一席之地。當今社會是一個知識大爆炸的社會，只有強者才能適應這個社會、被社會接納。

第二節
具備藝術家的眼光，每一筆都獨一無二

　　對於一個創業者來說，可以沒有資金、可以在某一行業是一個門外漢，但是一定要有獨特的眼光。創業需要獨特的眼光，獨特的眼光比知識更加重要。眼光獨特，你看到的機會也就更多。

　　美國一所著名學院的院長，繼承了一大塊貧瘠的土地。這塊土地，沒有具有商業價值的木材，沒有礦產或其他貴重的附屬物，因此，這塊土地不但不能為他帶來任何收入，反而成為支出的一項來源，因為他必須支付土地稅。州政府建造了一條公路從這塊土地上經過。一位「未受教育」的人剛好開車經過，看到了這塊貧瘠的土地正好位於一處山頂，可以觀賞四周連綿幾千米長的美麗景色。他同時還注意到，這塊土地上長滿了一層小松樹及其他樹苗。他以每畝十美元的價格，買下這塊五十畝的荒地。在靠近公路的地方，他蓋建了一間獨特的木造房屋，並附設一間很大的餐廳，在房子附近又建了一處加油站。他又在公路沿線建造了十幾間單人木頭房屋，以每人每晚三元的價格出租給遊客。餐廳、加油站及木頭房屋，使他在第一年淨賺十五萬美元。第二年，他又大事擴張，增建了另外五十棟木屋，每一棟木屋有三間房間。他現在把這些房子出租給附近城市的居民們，作為避暑別墅，租金為每季一百五十美元。而

這些木屋的建築材料根本不必花他一毛錢，只需要花點人工建造費，因為這些木材就長在他的土地上，而這在那位學院院長眼裡卻毫無價值。

還有，這些木屋獨特的外表正好成為他的擴建計畫的最佳廣告。一般人如果用如此原始的材料建造房屋，很可能被認為是瘋子。後來，在距離這些木屋不到五公里處，這個人又買下占地一百五十畝的一處古老而荒廢的農場，每畝價格二十五美元，這個人馬上建造了一座一百公尺長的水壩，把一條小溪的流水引進一個占地十五畝的湖泊，在湖中放養許多魚，然後把這個農場以建房的價格出售給那些想在湖邊避暑度假的人。這樣簡單的一轉手，使他共賺進了二十五萬美元，而且只花了一個夏季的時間。

成功的人可能沒有太高的學歷，但他們成功的軌跡足以證明獨特的眼光比知識更加重要。對於一個成功的企業家來講，獨特的眼光是成就事業的重要保證。

第三節
不要逃避辛苦，委曲求全為成功鋪路

忍耐需要有一種超乎常人的心理承受能力。當人們遭遇不幸時，要挺、要等、還要忍。心理承受能力就表現在「忍」上，要忍耐，去承受常人不能承受的壓力。忍耐是痛苦的，要忍辱、忍讓、忍苦、忍痛等，忍字心頭一把刀，成功方知「忍」字高。

忍耐是走向成功的必經之路，也可以說在同等的條件下，不是比誰的智慧高低而是看誰的忍耐力強。縱觀古今，莫不如此。孔子的克己復禮是忍耐，所以他的思想至今在全世界都在散發著理性的光芒，成為許多國家提倡的思想。劉邦的「廣積糧、高築牆、緩稱王」是忍耐，終於成就一代帝業；項羽則急不可待，最終卻是霸王別姬，飲恨烏江。韓信甘願受胯下之辱是忍耐。司馬遷受到宮刑忍耐而寫出《史記》。劉備與曹操青梅煮酒論英雄是忍耐，曹操說天下英雄唯使君與操爾，劉備巧借聞雷來掩飾韜光養晦，日後才有三足鼎立之局面。

如果說在逆境中忍耐是一種堅忍，那麼在順境中忍耐就是一種謹慎，一種成熟。當然，要做到逆境順境都能忍，並不容易。常言道，「忍」字心上一把刀。但是只要想一想，忍耐是痛苦的，但它的結果是甜蜜的，我們還有什麼不能忍呢？有時候，一個人能忍多少，就表明他能做多大的事情。成大事者必

有遠志，而忍耐正是一種大智慧，是一種理智的謀求長遠目標的展現，善忍者能成大事。

忍耐是一種度量，一種寬容。以寬宏之心待人，可以贏取別人的信任和幫助，有寬容之心，方有忍人之道。《三國演義》中禰衡罵曹操，罵得曹操一佛升天，二佛出世，但曹操冷靜的容忍了禰衡的放肆，把他安全「送」到荊州劉表那裡。袁紹進攻曹操時，陳琳曾幫袁紹寫了三篇檄文，罵到曹操祖宗三代。後來，陳琳落到曹操的手裡，曹操不但不殺他，還委以重任。正是曹操具有忍耐之心，他的周圍才始終圍繞著一群高素養的文臣武將。

在傳統文化中，儒家和道家，可謂「道不同」，但在對待「忍耐」這一點上，卻「相與謀」了。孔子曰：「小不忍則亂大謀。」道家說：「忍得一時之氣，免得百日之禍。」俗語說：「忍耐是遠離災禍的法寶。」面對命運，忍耐似乎是走向成功的唯一法門。忍耐是一種謀略、修養，忍耐更是一種人性成熟的象徵。忍耐不是一味的逆來順受，不是茫然失措，而是一種主動退守和策略調整。善忍耐者必然有著大智慧、大視野、大心胸。

忍耐者，把挫折當做經驗，臥薪嘗膽，韜光養晦，積蓄能量，無怨無悔，以苦為樂，等待時機再成正果。不善忍耐者，遇事情不順時拂袖而去，倒是痛快，也許失去的是永遠的機會。忍字頭上一把刀，忍耐會有痛苦；忍字下面一顆心，忍耐會受煎熬；忍耐就好似手刃自己的心，需要時間等待傷口慢慢癒合；忍得頭上烏雲散，撥開雲霧見陽光。在人生每個階段的

歷程中，我們都會遇到一些需要忍耐的事情，我們可以借其歷練自己的心智。

　　當選擇的目標確定以後，除了順勢而為、審時度勢之外就是忍耐。大人物成就偉業，小人物成就一番事業，都需要忍耐，只不過是主動忍耐還是被動忍耐罷了。事業失敗需要忍耐，感情受挫需要忍耐，人生磨難需要忍耐，生意合作需要忍耐，人際關係需要忍耐，家庭生活需要忍耐。可以說，人生處處需要忍耐。

第四節
不妥協於貧窮，向不公平宣戰

我們無法選擇出身，但絕不要因為貧窮而甘於平庸，失去樂觀向上的心。不要總是抱怨自己貧窮，抱怨上天不公，抱怨上帝不夠愛你。難道你真的面對貧窮束手無策嗎？

作為一個人來講，每個人都是富有的。貧窮者的財富就是大腦。其實，人與人之間在智力和體力上的差異並不是想像的那麼大，一件事這個人能做，另外的人也能做，只是做出的效果不一樣。往往是一些細節的功夫，決定著完成的品質。假如一個恃才傲物的職員得不到老闆的賞識，他只是簡單的把原因歸結為不會拍馬屁，那就太片面了。同樣，假如你第一次去辦營業執照，就和辦證的人吵得不可開交，可以肯定，你開的那個小店永遠只能是個小店，很難做大。這樣的心態，別說投資，連日常理財都難以做好。

貧窮者是個弱勢族群，很多時候連自己也不能保全，更不要說影響別人。貧窮者缺的不僅僅是錢，而是行動的勇氣、思考的智慧與理財的能力。貧窮者最寶貴的資源是什麼？不是有限的那一點點存款，也不是身強力壯，而是大腦。有人說，思想是一筆寶貴的精神財富，其實在我們這個時代，思想不僅是精神財富，還可以是物質化的有形財富。一個思想可能催生一個產業，也可能讓一種經營活動產生前所未有的變化。

　　一個人用一千元買了五十雙拖鞋，拿到地攤上每雙賣三十元，一共得到了一千五百元。另一個人很窮，每個月領取一千元生活補貼，全部用來買米和油鹽。同樣是一千元，前一個一千元透過經營增值了，成為資本。後一個一千元在價值上沒有任何改變，只不過是一筆生活費用。貧窮者的可悲就在於，他的錢很難由生活費用變成資本，更沒有資本意識和經營資本的經驗與技巧，所以，貧窮者就只能一直窮下去。

　　有個故事說的是一個國王要感謝一個大臣，就讓他提一個條件。大臣說：「我的要求不高，只要在棋盤的第一個格子裡裝一粒米，第二個格子裡裝兩粒，第三個格子裡裝四粒，第四個格子裡裝八粒，以此類推，直到把六十四個格子裝完。」國王一聽，暗暗發笑，要求太低了，照此辦理。不久，棋盤就裝不下了，改用麻袋，麻袋也不行了，改用小車，小車也不行了，糧倉很快告罄。數米的人累昏無數，那格子卻像個無底洞，怎麼也填不滿……國王終於發現，他上當了，因為他會變成沒有一粒米的窮人。

　　一個東西哪怕基數很小，一旦以幾何級倍數成長，最後的結果也會很驚人的。貧窮者的發展難，起步難，堅持更難。起步時就那麼幾粒米，你自己都沒了胃口。可一件事情的成功，往往就在於從起步堅持到最後一步。當基數累積到一定的時候，只需要跳一下格子，你就立地成佛了。這之前的一切都是鋪墊，沒有第一粒米，就沒有後面的小車大車，這個過程是漫長的，也是艱難的。

第五節
意志是超級引擎，啟動它獲得駕馭生活的本領

　　成大事者身上最可貴的品質之一就是堅持不懈。也許他們會有感到疲倦的時候，但是他們總能堅持、再堅持，最終度過難關。

　　人處在困境中，要有耐心，有毅力，堅持到底，就會等來轉機，命運發生翻天覆地的變化。就大多數人而言，人生之路是不平坦的，往往有順境，也有逆境；有好運從天而降的驚喜，也有與幸運女神擦肩而過的遺憾。面對社會生活中的困境，我們大可不必過於失意，要能經得住打擊和考驗，要始終相信一個人成功的機遇和失意的困境幾乎一樣多，勇於面對人生的困境，永不氣餒，才會開闢出屬於自己的天地。

　　東漢時期，河南郡有一位賢慧的女子，人們都不知她叫什麼名字，只知道是樂羊子的妻子。一天，樂羊子在路上拾到一塊金子，回家後把它交給妻子。妻子說：「我聽說有志向的人不喝盜泉的水，因為它的名字令人厭惡；也不吃別人施捨而呼喚過來吃的食物，寧可餓死。更何況拾取別人失去的東西。這樣會玷汙品行。」樂羊子聽了妻子的話，非常慚愧，就把那塊金子扔到野外，然後到遠方去尋師求學。一年後，樂羊子歸來。妻子跪著問他為何回家，樂羊子說：「出門時間長了想家，沒有其他緣故。」妻子聽罷，操起一把刀走到織布機前說：「這機上

織的絹帛產自蠶繭，成於織機。一根絲一根絲的累積起來，才有一寸長；一寸寸的累積下去，才有一丈乃至一匹。今天如果我將它割斷，就會前功盡棄，從前的時間也就白白浪費掉。」妻子接著又說：「讀書也是這樣，你累積學問，每天獲得新的知識，使自己的品行日益完美。如果半途而歸，和割斷織絲有什麼兩樣呢？」樂羊子被妻子說的話深深感動，於是又去完成學業，一連七年沒有回過家。

樂羊子的妻子以她高尚的品德和過人的才識打動了丈夫繼續求學的意志，而樂羊子也終於以驚人的毅力克服困難，堅持學習。這些都在告訴我們，學習要有持之以恆的精神，應該磨練自己的意志。而培養堅強的意志力是走向成功的重要條件。那麼，怎樣培養堅強的意志力呢？你可以從下面幾點做起：

第一，提高你的「挫折容忍度」。人都會由於活動目標受阻而產生失意、焦慮，甚至引起倒退反應，但是如果從此一蹶不振，這是「挫折容忍度」低的表現。當挫折襲來時，如果能夠抵抗和承受，不會出現心理和行為失常，在挫折中奮起，這就是有較高的「挫折容忍度」。

第二，面對困難，拋棄一切畏難情緒。困難和挫折是磨練意志的礪石。在實際生活中，每個人或多或少都要遇到各種困難和挫折，即使是一件小事沒有取得成功，也會給人一種失落感，引起人的內心恐慌或不安。可見人在社會生活中，要克服多少困難、戰勝多少挫折、解決多少問題，才能在生命的終點畫上一個完整的句號。

　　第三，學會獨立自主，勇於創新。愛因斯坦說過：「發展獨立思考和獨立判斷的能力，應當始終放在首位。如果一個人掌握了他的學科基礎理論，並且學會了獨立思考和工作，他必然會找到自己的道路，而且比其他那種主要以獲得細節知識為其培訓內容的人，他一定會更好的進步和變化。」思維獨立性在科學創造中極其重要。

　　第四，凡事要持之以恆，不能半途而廢。渴望成功是當代人的普遍心態，但在實際中，相當一部分人缺乏耐性和自信心而放棄了成功的願望；還有一部分人只有「五分鐘熱度」，經常更換人生目標，並缺乏創新精神，始終在人生的低谷徘徊；只有極少數人憑藉恆常如一、堅忍不拔的毅力克服種種困難和挫折，完成既定的目標。

　　第五，不被一時的困難壓倒，也不為一時的成功陶醉。能理智的分析客觀實際，抵禦外部環境產生的各種困難，克服並抑制消極情緒和衝動行為，始終掌握住目標方向，是一個人走向成功的一個重要條件。古代軍事家孫臏把易衝動、好急躁的指揮員視為「用兵之災」，列為覆軍殺將的五種危險之一。可見理智的控制自己的情感和欲望，自覺的調節和控制自己的行為，使自己的行為始終朝向自己的目標，最後才能取得成功。

　　第六，健康的精神源於健全的體魄。一個發育正常、身體健康的人，比生理上有缺陷或多病的人易於承受更大的精神折磨。透過體育鍛鍊增強體質，有助於培養不畏艱苦、果斷、勇敢的品格，培養在成功道路上所需要的耐力和毅力。

第六節
學會在逆境中生存，做一隻超越風暴的飛鷹

　　人生的最大喜悅出現在戰勝恐怖、困難、痛苦和死亡時。只有戰勝不利的條件，才能獲得有價值的人生。

　　如果我們身處逆境時，怨天尤人，就不會取得成功。常言道：「山重水複疑無路，柳暗花明又一村。」成功不是父母給的，需要天時地利，但更需要我們有堅強的意志品質。誰都想擁有好的環境，但是這種環境如同溫室，會讓人變得脆弱。文明不一定產生於好的環境，最珍貴的花也經常開在條件最惡劣的地方。人類文明的發祥地也未必是自然條件優裕之地，但是為了生存，人類在開闢和努力的過程中孕育了燦爛的文明。生活中，很多人都希望自己的人生沒有痛苦，沒有逆境，一切都能順水順風，但是沒有逆境的人生必定蒼白無趣。有時雖然有許多困難，但要堅信，努力和打拚總會換來相應的回報的。

　　一個農戶家裡養了一頭老驢。一天，這頭驢不小心掉進了一個廢棄的陷阱裡，陷阱很深，牠根本爬不上來。主人看牠是頭老驢，也懶得去救牠了。老驢一開始也放棄了求生的希望。每天都有人往陷阱裡倒垃圾，扔得老驢滿身都是。按理說，老驢自己掉進了陷阱裡，主人又不要牠，每天還有那麼多垃圾倒在牠身上，牠應該很生氣，應該天天抱怨。可是有一天，老驢決定改變自己的生活態度，牠每天都把垃圾踩在自己的腳下，

並從垃圾中找到一點可吃的食物來維持自己的生命。終於有一天，牠重新回到了地面上。

生活有喜有悲，有順境和也有逆境。認識到這一點，並且坦然的接納幸福和不幸，才是正確的人生態度。正如同光與影子不可分割，成功與失敗也是相依相伴的。法國文學家雨果有句名言：「痛苦有孕育靈魂和精神的力量。」人的一生不可能一帆風順。總會有一些坎坎坷坷。但面對困難時要怎樣在逆境中求生存？怎樣面對它、打敗它呢？

第一，要有堅毅的恆心。正所謂「天將降大任於斯人也，必先苦其心智，勞其筋骨，惡其體膚，空乏其身，行拂亂其所為。所以動心忍性，曾亦其所不能」。面對困難你要堅信沒有你戰勝不了的東西，你一定能打敗它。這樣在經過困難洗禮後你會發現你有了很大的進步。在塔里木盆地裡，有一種「胡楊樹」。它生三千年，死時三千年不倒，倒後三千年不腐。沙漠胡楊正是憑藉著自己堅毅的恆心，在逆境中成長的。

第二，在逆境中生存不僅要有堅毅的恆心，還要抓住每一個生存和發展的機會。孟宗竹是在南方一種很常見的植物。在竹筍的時候它是長不高的。直到三年後，它才會以飛快的速度生長。刨開它的根，你會發現整個山丘都被它抓得牢牢的。在逆境中求生存，我們要像孟宗竹那樣抓牢每一個生存的機會。這個世界上沒有真正的絕境，只要你有堅毅的恆心，在困境中發展自己強壯的「根系」，總會有一天，你會一飛衝天，達到你所想擁有的目標。

　　有人把逆境看作是一種人生挑戰。在壓力的促使下，他能夠充分發揮自己的能力，實現自身的價值。還有一些人好像就是為逆境而生的，一帆風順的時候，他就會提不起精神來，而一旦遇上逆境，有了壓力，他就會變得精神抖擻，像換了一個人似的。

　　曾有人做過這樣一個試驗，把一百個人分成兩個組，讓第一組的人處在舒適的環境裡，有大轎車接送，可以打橋牌、打高爾夫球、吃豪華大餐，總之，只要是他們需要的，就一定能夠給予滿足。而第二組卻無論做什麼都遇到了重重障礙。這樣過了六個月，第一組的人整天精神疲倦，昏昏欲睡；而第二組的人卻鬥志昂揚，提出了不少好的建議。

　　逆境也許是社會的一種選擇機制，看你能不能經受逆境的考驗。能夠通過考驗的人就會脫穎而出，走上成功的人生之路。因此，逆境常常成為人生的一個分水嶺，有些人被逆境打垮，就此消沉；有些人從逆境中崛起，其人生和事業就此進入了一個全新的境界。

第七節
人生每一天都是戰場，每一刻都在決鬥

　　我們生存在世界上，每個人都應該成為一名鬥士。當然這鬥士不是到處尋釁滋事，無理取鬧的街痞流氓。這個鬥士應該是和生活中的困難抗爭，和成功路上挫折抗爭，和自己過度的欲望抗爭。

　　生活是一場無窮無盡的戰鬥，總從我們出生那天起，我們就選擇了進入戰場，我們承諾要贏得人生這場戰鬥，猶如身臨激烈戰鬥中的一位鬥士無法脫身一樣，他們要麼選擇勇敢的戰鬥以確保自己的生存和勝利，我們不喜歡戰鬥，我們只是被迫盡力去戰鬥，為了在人生中得以榮譽的生存，我們不得不面對內在消極和外在的現實。

　　競爭不可避免，但我們並不提倡你死我活的戰鬥。不管是商場上還是公司內部，我們的競爭應該在一個公正公平的環境下展開的。當然這種競爭並不應該是以擠走對方、搶占對方的職位為目的。真正的競爭，有利於工作效率的提高，有利於公司業績的提升。競爭也不僅僅是在公司、團隊內部展開。優秀的成功者應該把眼光放長遠，站在整體的立場上去面對競爭，而不是站在個人的立場上去面對競爭。從公司或團隊的立場上來說，團隊裡所有的成功者應該團結一心，打敗競爭對手，搶占更多的市場。

　　無論在公司內部，還是公司所處的外部市場環境，都決定了一個優秀的成功者應該具有戰鬥性格。因為這種性格決定了成功者的鬥志和心氣，這種精神的力量絕對不能輕視。面對日益激烈的競爭，你該何去何從，你該如何做？只有堅持戰鬥精神，勇敢面對，才有可能戰勝困難，獲得成功，實現自己的人生價值。

　　人只有一個過程，由生到死的階段。哲學家、文學家不斷的尋找生命的意義，存在的價值，生命是一杯濃酒，不經三番五次的提煉，就不會芳香醇厚。生存就是戰鬥，只有滿懷樂觀鬥爭精神的人，才能永遠與歡樂相伴、和幸福相隨。

第八節
努力二字，突破自我局限的鑰匙

　　有科學家曾做過這樣一個實驗：

　　他們把跳蚤放在桌子上，一拍桌子，跳蚤立即跳起，跳起的高度超過其身高的一百倍以上。接著，在跳蚤頭上罩一個玻璃罩，再讓牠跳，跳蚤碰到玻璃罩彈了回來。如此連續多次以後，跳蚤每次跳躍都保持在罩頂以下的高度。然後再逐漸降低玻璃罩的高度，跳蚤總是在碰壁後跳得低一點。最後，當玻璃接近桌面時，跳蚤已無法再跳。科學家移開玻璃罩，再拍桌子，跳蚤還是不跳。這時的跳蚤已從當初的「跳高冠軍」變成了一隻跳不起來的「爬蚤」了。

　　大家都知道，「跳」是跳蚤的天生能力，而跳蚤變成「爬蚤」是牠喪失了跳躍的能力嗎？當然不是。之所以這樣，是跳蚤在一次次碰壁後，產生了一種消極的思維模式：跳高了就會碰壁，為了適應環境而主動的降低跳躍的高度，一次次受挫慢慢的吞噬了牠的信心，在失敗面前變得習慣、麻木了。更為可悲的是，頭上的玻璃罩早已不存在，牠卻喪失了再跳一次的勇氣。行動的欲望和潛能被自己的消極思維模式扼殺，科學家把這種現象稱為「自我設限」。

　　很多時候，我們人類也和這跳蚤一樣，在學習、工作、生活中會碰到很多挫折和失敗：當我們需要幫助時，可能得到

的是拒絕；當我們屢次努力，可能成績依舊沒有起色；當我們想做好一件事而沒有做好時，可能會受到他人的嘲笑、歧視甚至否定；當我們努力想證明自己，卻可能時時碰壁……這些屢屢受挫的失敗經驗往往會令我們懷疑自己的能力，對自己失去信心，喪失奮發向上的熱情和克服困難的勇氣，從而限制了潛能的發揮，使我們在事業上不能成功，這就是「自我設限」的結果。

凡是取得成功的人，莫不是努力進取、善於打破陳腐的規則、突破自我局限的人。無畏的氣概和創造的精神，是一切偉人的特徵。對於陳腐的規則和過時的秩序，他們是不放在眼裡的。能夠成就大事業的人，永遠是那些信任自己見解的人；是勇於想人所不敢想，為人所不敢為，不怕孤立的人；是勇敢而有創造力的，做前人所未曾做的人；是那些勇於向規則挑戰的人。

在局限中超越自我。認識自我是為了突破局限、超越自我，那就要克服前進中的抵抗力。一般來說，抵抗力主要來自兩個方面：一是來自自身的惰性和軟弱。二是來自客觀環境造成的困難。面對困境，不同的人做出的選擇也不同。我們必須用堅強的意志力，用大無畏的精神突破局限，征服困難，朝著理想的境界不斷邁進，不斷提升。

勇於突破自我的局限表現在工作上，就是要勇於向「不可能完成」的任務挑戰，勇於向「不可能完成」的工作挑戰。這種精神是獲得成功的基礎。職場之中，很多人雖然頗有才學，

具備種種獲得老闆賞識的能力，但是卻有個致命弱點就是缺乏
挑戰自我局限的勇氣，只願做職場中謹小慎微的「安全專家」。
結果，終其一生，也只能從事一些平庸的工作。

第九章
複製別人的成功

　　在很多人的腦海裡中，當代一些新興的企業家或富商。都是靠白手起家，在一個非常短的時間內迅速暴富的；於是，內心總有一種複製他們的衝動。然而，這是只知其然，不知其所以然的表現。「白手起家」確實是創業的一種模式，但只是其中一種，那個時代本來就是個一窮二白的時代，白手起家順理成章了，而現今整個社會市場經濟已經漸漸成熟，財富已經相對集中，商業競爭也日趨激烈，再摸著石頭過河，嗆水的危險就大了。管理學大師杜拉克說過：「那些典型的小企業沒有經驗，也沒有訓練。實際上，最成功的年輕企業家是在大企業組織中工作過五至八年的人……強大的能力是在你開創企業之前五至十年的管理經驗中取得的。如果你沒有，你就會在一些基本問題上犯錯誤。」所以，年輕人在選擇創業時，一定要綜合考慮各方面因素，不要盲目的去跟風。

第一節
不想心臟受折磨，請準備好了再創業

　　對於剛走出校門的學生而言，就業對他們是個重要的問題。1908 年，美國波士頓大學教授帕森頓在波士頓成立職業指導中心，邁出了使職業輔導活動系統化的第一步。帕森頓提出了「選擇一項職業」要比「找一份工作」更重要的思想，並提出了職業輔導的步驟。因此，1908 年也就成為職業輔導的元年。西方國家一直比較重視職業生涯的設計，職業生涯規劃是許多大公司的人事部門為員工服務的一項重要內容，許多國家的學校教育也早就開設職業生涯輔導這一門課程。在美國，小孩從幼稚園開始就接受生涯教育，高中階段更是請專家給學生們做職業興趣分析。雖然高中職業興趣並沒有定型，但透過職業日、職業實踐等活動，可以觀察學生們表現出來的興趣，並進行有效引導，達到根據興趣確定其職業取向的目的。

　　相比之下，職業生涯規劃主要集中在高等教育階段，這就使高等學院的就業指導部門承擔著很大的壓力，因為缺乏相關的基礎知識和基本意識，大學生對職業生涯規劃普遍不重視，加上大學由於機制的局限、專業人員的缺乏等，使這項工作的開展遇到了許多的困難。對那些想加入創業團隊的大學生而言，在作決定之前，一定要充分考慮各種環境因素，做好充分的心理準備。筆者透過查閱相關書籍、報刊及網上的資料，總

結出大學生自主創業成功的八大關鍵因素：

第一，必不可少的創業計畫書。創業不是僅憑熱情和夢想就能支撐起來的。因此在創業前期制定一份完整的、可執行的創業計畫書應該是每位創業者必做的功課。透過調查和資料參考，要規劃出專案的短期及長期經營模式，以及預估出能否賺錢、賺多少錢、何時賺錢、如何賺錢以及所需條件等。當然，以上分析必須建立在現實、有效的市場調查基礎上，不能憑空想像、主觀判斷。根據計畫書的分析，再制定出創業目標並將目標分解成各階段的分目標，同時訂出詳細的實施步驟。

第二，周密的資金運作計畫。資金運作計畫是保證「有糧吃」的重要步驟。在專案剛啟動時，一定要做好三個月以上或到預測盈利期之前的資金準備。但啟動專案後遇到不可避免的變化，則需適時調整資金運作計畫。如果能懂得一些必要的財務知識，計畫好收入和支出，始終使資金處於流動中而不出現「斷鏈現象」，那麼專案的初期就能為未來發展打好基礎。

第三，不斷強化創業能力與知識。俗話說：「不打無準備的仗。」創業者要想成功，必須扎扎實實做好準備和累積。除了資金分配，創業者還必須懂得行銷之道，比如對如何進貨、如何打開產品的銷路、消費者對產品的需求，都要進行充分的調查研究。這些知識獲取的管道可以是其他成功者的經驗，也可以是書本理論知識。同時還要學會和各類人士打交道，如工商、稅務、質檢、銀行等，這些部門都與企業的生存發展息息相關，要善於同他們交朋友，建立和諧的人脈關係。

　　第四，培養一個執行力強、效率高的團隊。無論是做什麼事情，都是由人去完成的。有了創業計畫和創業資金及知識後，還需要組建一支執行力強、效率高的團隊。團隊是創業專案成功的基礎。那麼，在哪裡找到團隊呢？你可以透過網路和實地兩種辦法，網路上找團隊是上網搜尋搜索一下對相關專案感興趣的人或者到專業的論壇裡面找相關的團隊。實地找團隊一般指朋友圈或聚會上認識的，這樣比較容易了解你要找的團隊的性格、興趣愛好、能力等資訊。

　　第五，為自己營造一個好的商業氛圍。由於缺少社會經驗和商業經驗，大學生創業總是顯得「心有餘，而力不足」。不如給自己營造一個小的商業氛圍，比如加入行業協會，就可以藉此了解行業資訊，學會借助各種資源結識行業夥伴，建立廣泛合作，提升自己的行業能力。千方百計營造一個好的商業氛圍，這對創業者的起步十分重要。

　　第六，學會從「走」到「跑」。在創業的初期，受資金的限制，或許很多事都需要創業者本人親自去做，不要認為這是「丟臉」或因此叫苦不迭，因為不管任何一個企業，從「走」到「跑」都是要經歷一個過程的，只有明確目標不斷行動，才能最終實現目標。同時在做事的過程中，要分清主次輕重，抓住關鍵重要的事情先做。每天解決一件關鍵的事情，比做十件次要的事情會更有效。

　　第七，明確贏利途徑。贏利是做企業最終的目標。做企業的最終目的就是贏利，無論你的點子有多少，不能為企業贏利

就不具備商業價值。因此無論是制定可行性報告、工作計畫還是活動方案，都應該明確如何去贏利。企業的贏利來源於找準你的客戶，了解你最終客戶是誰，他們有什麼需求和想法，並盡量使之得到滿足。

第八，在失敗中學會成長。從創業成功案例中不難發現，創業者往往都有必勝的信心。很多人從小就知道「失敗為成功之母」的道理，但有多少人真正體會到其中的力量呢？如果創業失敗了，你又應該怎樣面對失敗？充分的準備和不斷的學習，就能夠在基本上降低失敗的機率。與此同時及時調整創業方案，換個方式和方法繼續前進，永遠不要停止前進的腳步。

當然，這並不是說創業者必須完全具備這些素養才能去創業，但創業者本人要有不斷提高自身素養的自覺性和實際行動。提高素養的途徑一靠學習，二靠改造。要想成為一個成功的創業者，就要做一個終身學習者和改造自我者。哈佛大學柯拉克教授講過這樣一段話：「創業對大多數人而言是一件極具誘惑的事情，同時也是一件極具挑戰的事。不是人人都能成功，也並非想像中那麼困難。但任何一個夢想成功的人，倘若他知道創業需要策劃、技術及創意的觀念，那麼成功已離他不遠了。」

第二節
職業要有發展潛力，才能增強實力

　　「畢業等於失業」是近年來較流行的一句話。由於教育與現實社會的脫節，造成了很多畢業生面對就業不知所措的局面。為了能找一份好工作，他們使出了各式各樣的方法。比如在面試時，很多畢業生不惜花費重金來包裝自己。女生忙著買服裝與化妝品，男生也會在找工作前做一番裝扮。在招聘會的現場，許多手捧著履歷的學生求職者都是西裝革履，有些人為了買身西裝竟然花費了幾萬元，平時都捨不得穿，只有找工作的時候才穿上去，為的就是能給面試官留下一個好印象。

　　求職者中，以剛走出校園的學生居多，他們沒有經濟收入，卻花費數千元來裝扮自己，這樣的做法到底值不值得呢？相關專家指出，要想求職成功，扎實的專業技能與實際操作能力是基礎，這不僅是謀生「王牌」，同樣也能給他們帶來自信。當然，形象也很重要，但是沒有必要去買貴重的衣服，關鍵是要顯得自然自信，穿著乾淨整潔就好。企業看重的是個人性格與技能。一個人的自信，源於內在，外表的修飾更多的是對別人的尊重。特別是在求職時，扎實的專業技能與良好的業務能力才是制勝的關鍵。

　　人貴有一技之長，對那些剛走出校門的大學生來講，最重要的任務就是擇業。所謂擇業，就是選擇一個適合自己的職

業，並可以持續的發展下去，以後的人生就以此為事業。其實，我們每天做的最多的事情就是選擇。在很大的程度上，我們究竟會成為一個什麼樣的人，決定權在我們自己，每天我們都在做各式各樣的選擇，我們可以漫不經心，也可以多花些心思，成千上萬的小選擇累計起來，就決定了最終我們是個什麼樣的人。

從某種意義上來說我們的未來不是別人給的，是我們自己選擇的。很多人會說我命苦啊，沒得選擇啊，如果你認為「去微軟還是去 IBM？」「上臺清交？」「當銷售副總還是當廠長？」這種才叫選擇的話，的確你沒有什麼選擇，大多數人都沒有什麼選擇。但每天你都可以選擇是否為客戶服務更周到一些，是否對同事更耐心一些，是否把工作做得更細緻一些，是否把情況了解得更清楚一些，是否把不清楚的問題再弄清楚一些……你也可以選擇是否在痛苦中繼續堅持，是否拋棄自己的那些負面的想法，是否原諒一個人的錯誤，是否相信我在這裡寫下的這些話，是否不要再犯同樣的錯誤……生活每天都在給你選擇的機會，每天都在給你改變自己人生的機會，你可以選擇賴在地上無理取鬧，也可以選擇咬牙站起來。你永遠都有選擇。有些選擇不是立竿見影的，需要累積，比如農民可以選擇自己常常去澆地，也可以選擇讓老天去澆地，誠然你今天澆水下去幼苗不見得今天馬上就長出來，但適量澆水，大部分幼苗終究會長出來的，如果你不澆，收成一定很糟糕。

每天生活都在給你機會，它不會給你一疊現金也不會拱手送

你個好工作，但實際上，它還是在給你機會。你選擇什麼？你選擇和誰交朋友？你選擇做什麼？你選擇怎麼做？⋯⋯我們面臨太多的選擇，而這些選擇當中，態度的選擇又遠比道路的選擇來得重要得多，比如選擇做什麼產品其實並不那麼重要，而選擇做到多好才重要。選擇用什麼人並不重要，而選擇怎麼帶這些人才重要。大多數關於道路的選擇並沒有對錯之分，要緊的是選擇怎麼走。一個大學生畢業了，他要去聯想也好，他要賣豬肉也好，他要創業也好，他要做遊戲代練也好，只要不犯法、不害人，都沒有什麼關係，要緊的是，選擇了以後，怎麼把事情做好。

除了這些，我們還有很多選擇。比如：你可以選擇把這輩子最大的困難放在最有體力最有精力的時候，也可以走一步看一步，等到了四十歲再說，只是到了四十多歲，那正是一輩子最脆弱的時候，上有老下有小，如果在那個時候碰上了失業，實在是一件很苦惱的事情。與其如此不如在二、三十歲的時候吃點苦，好讓自己脆弱的時候活得從容一些。你可以選擇在溫室裡成長，也可以選擇到戶外磨礪，你可以選擇在辦公室吹冷氣，也可以選擇四十度的酷熱下去見你的客戶。只是，這一切選擇的效果最終會累積起來，塑造出你的未來。

不是說所有的事情你都得選擇，但是絕大部分事情你都有選擇的權利，只是往往你不把它們當成一種選擇而已。認真對待每一次選擇，你才會有更好的未來。一旦有了自己選擇就不要輕易改變，在所選擇的領域投入全部的精力，這樣，你就找到了終生的事業。

第三節
捕捉閃現的星星，不要錯過為你點燃的機會

　　成功者並非都是才華出眾的人，而是那些最善於利用每一個微不足道的機會的人。只有愚者才等待機會，真正的智者則會創造機會。

　　在每個人的一生中都有很多機會走向成功，但是，大多數人卻都沒有抓住機會，因為機會常常不容易被發現。而那些成功者就是能夠抓住那些小的機會，發展出了宏大的事業。

　　美國著名的家具經銷商尼·柯爾斯，一次家中突然失火，幾乎燒光了他家裡的一切，只剩下一些粗壯的松木。這些松木外面雖燒焦，而木心還有些殘存。要是一般人，可能在極度的痛苦中會將這些廢料扔掉了事，但尼·柯爾斯卻從這些焦木中發現了商機，因為那焦木的舊紋理和特殊的質感使他產生了靈感，他決定要製造有特殊木紋的仿古家具。他用碎玻璃片刮去廢木上的沉灰，再用細砂紙將它打磨得光滑潤澤，塗上一層清漆，便顯出了古樸、典雅、莊重的光澤和清晰的木紋。就這樣，他製造的仿古典木質家具獨領潮流，從此生意再一次興隆起來。

　　有人讚嘆尼·柯爾斯因禍得福，其實不然，只是他能從一件細小的事物中去觀察和善於發現，這樣奇蹟才會出現。如果換一位不善於思考的人去看那堆燃而未盡的廢木頭，眼睛看直了也不會發現什麼的。除此之外，就是我們不光去看，還要能有

所發現，還要很好的運用智慧去深入思考，有所醞釀，有所感觸。同時，還要做更深一層的設計發掘，才會有超常規的新發現。其實世界上很多事情就是這樣，如果肯動腦子，任何一件看似平常的事都可能成為創造發明的靈感。而且，事實證明很多的智慧和發現都來自一些平常的小事，只是你沒有發現罷了。

有一次，一位教授在繫他的馬甲鈕扣的時候突然停住了，因為他淘氣的小女兒把馬甲的扣眼給縫上了，他的手指正在進行我們平時所熟悉的動作。教授繫鈕扣的動作像往常一樣進行著，但意外發生了，有顆鈕扣繫不上了。這時候手指無助的摸索了一會兒，然後發出了求助的信號，接著意識被喚醒……就這樣，一個新的理論誕生了，教授發現手指有記憶動作的本能，現在人們把這種能力叫做「生理記憶」。

然後教授開始到課堂上對學生們做實驗，他發現結論總是相同的，如果人們能夠順利的完成他們平常習慣做的工作，他們就不會對工作本身產生任何意識，只有當類似鈕扣眼被縫起來了或筆記本被偷走了等這類事情發生的時候，自己習慣的動作、事物發生了改變，影響到一項工作的成敗的時候，人們的意識才會開始活動。教授因此創造了一項廣為接受的理論，他認為人的意識是一種「應對緊急事件的裝置」，它能夠盡最大可能性調動身體的各項機能來解決問題，但這僅在慣例被打破或是習慣的辦法不再有效的時候才能生效。

　　我們在生活和事業當中，一定要留心觀察自己身邊發生的事情，也許，機遇就存在其中。怎樣才能從日常生活中發現機遇呢？說得明白一些，就是要有一個善於思考的態度，要勤於思考，仔細觀察，善於把握，你才可能抓住稍縱即逝的機會。

第四節
年輕不怕失敗，再來一次更猛烈

　　很多大學生都有創業的夢想，但夢想只是夢想，很多人都沒去付諸實踐。其中的原因在於對創業的前景複雜心態，對這條未知的道路，他們既充滿憧憬，又充滿恐懼。這些都很正常。對於一個剛剛走進社會的年輕人來說，理想很豐滿，現實很骨感。學校裡紙上談兵的理想，可能會被真刀真槍的社會衝擊得面目全非。年輕人的焦灼和煩惱都是因為年少和初出茅廬的一種表現，成熟需要一個過程。其實，人生最不必怕的就是 —— 年輕。有人提出了人生的六字祕訣，即前三十年不要怕，後三十年不要悔。這句話是有一定道理的。年輕的時候不要怕，就是要志存高遠，積極努力，大膽開拓進取。到了中老年的時候，又不要為年輕時的選擇而後悔。

　　年輕人有「不要怕」的資格和資本。因為年輕，三十歲之前做點荒唐事也沒什麼，只要不觸犯法律。對於年輕人，怕是偷走夢想的賊，年輕人唯一該怕的是怕本身。那些剛剛踏上創業征程的年輕人，不要怕失敗，最多不過是重頭再來。在創業方面，年輕是最大的本錢，因為年輕，所以輸得起，想想一個人在二十多歲的時候出來創業，再壞的結局也不過是一切再從零開始。

　　當然，不怕失敗並不意味著莽撞和盲目。創業要樹立明確

的、適合自己的目標。任何人、任何企業在任何階段都會遇到各式各樣的困難，不同的人會遇到不同的問題，遇到問題時不應抱怨、不該放棄，而是要去想怎樣用恰當的方式解決它。下面就是一個在失敗中成長起來的成功案例。

有一個日本人叫中直，家裡經營著一家雜貨店，生意一直不好。中直在二十五歲的時候告訴他的父母，既然經營了那麼多年都沒有成功，就應該換一個思路，想想別的辦法。他家附近有幾所大學，學生經常出來吃速食。中直想，附近還沒有人開一個披薩屋。在這裡賣披薩肯定能行。他就在自己家的雜貨店對面開了一家披薩屋，他把披薩屋裝修得精巧溫馨，十分符合學生們喜歡浪漫情調的特點。不到一年時間，中直的披薩成為附近有名的小吃，生意都很好。中直馬不停蹄的在別的城市又開了分店，但是不久，一個壞消息傳來，他的分店嚴重虧損。起初，分店準備五百份，結果總有一半的披薩賣不出去。後來又按兩百份準備，還是剩下很多，最後他乾脆只準備五十份，這是一個連房租都不夠的營業數字，到最後，一天只有幾個人光顧的情景也出現了，同樣是賣披薩，兩個城市同樣有大學，為什麼這兩個店的生意這麼差呢？不久他發現了問題，兩個城市的學生在飲食上存在著巨大的差異，在裝潢和配方上面他沒有進行調查和研究，因此不被這個地方的學生接受，中直在發現他的錯誤之後，迅速改正，生意也很快興隆起來。後來，中直又將披薩店開在了繁華的東京，這次他也吃了苦頭，他吸取上一次失敗的經驗，做了很細緻的市場調查，但是披薩

店就是打不開市場，後來他發現，賣不動的原因是披薩的硬度不適合東京人的口味，他立刻研究新配方，改變硬度，最後他的披薩成為那條街道的居民最受歡迎的食品。中直說：「我每到一個城市開一個新店，在開始時十有八九是失敗的，最後成功是因為失敗後我從來沒有想過退縮，而是積極思考失敗的原因，努力想新的辦法。因為不能確定什麼時候能夠成功，你必須先學會失敗。」

如果你不幸創業失敗，那也不要氣餒，不要灰心，可以先做一個深呼吸，讓自己放鬆下來，或者喝杯水讓自己冷靜下來。只有認識錯誤並理清思路，才是解決問題的唯一方法。你可以從下列方法中去嘗試改變：

第一，請別人幫助你分析失敗的原因。請教朋友或專業人士來幫助你分析你目前的處境並提供對策。很多創業者在這個時候往往不能清醒的對待自己的處境，因為你是當事人，「不識廬山真面目，只緣身在此山中」，這種失敗的結果正是由你的決策失誤而造成的。在這個時候，你就沒必要仍然堅持相信你自己的原則，因為失敗的現實已經擺在了你的面前，現在只能反思失敗的原因，接受教訓。

第二，取得他人理解。對於那些在你創業初期或創業過程幫助過你的人，一定要以最誠懇、最誠摯的態度對待他們。尤其是那些給你提供了創業資金以及人力或物力的人，在你失敗的時候千萬不要躲避，不要隱瞞，應該挺起胸膛，勇敢如實的把你的境況告訴他們，承認自己欠了他們錢，並且承諾在你有

能力時一定償還。取得他人的理解是你渡過創業失敗難關的第二關。只要態度誠懇，相信他們會理解的。

第三，理清思路，挖掘剩餘資源。你失敗了身邊還有些什麼？包括固定資產、商標專利、場地設備、專業技術、客戶，這些都是資源。這些資源是你可以翻身、東山再起的前提條件，此時你要清楚的了解到，資源的重新組合就是你再創業的前期投入。

第四，給自己充電。在創業過程中，應該端正自己的心態，控制住自己的情緒，不斷的學習新的創業理論和別人的成功經驗。

第五，鼓起勇氣，重新開始。一次失敗後一般不可能馬上就有再創業的機會，也許幾個月甚至幾年都會讓你沒有翻身的機會。此時你千萬不能灰心喪氣。

第五節
用自信當舵手，駕馭人生的船隻

　　自信是一種非常重要的心態。是一種自我肯定、自我鼓勵、堅信自己一定能成功的素養。沒有自信的人，就沒有生活的熱情和趣味，也就沒有探索打拚的勇氣和力量。

　　著名發明家愛迪生曾說：「自信是成功的第一祕訣。」阿基米德、居禮夫人、伽利略、牛頓、霍金等歷史上廣為人知的科學家，他們之所以能取得成功，首先就是因為他們有遠大的志向和非凡的自信心。一個人要想事業有成、做生活的強者，首先要敢想。連想都不敢想，當然談不上什麼成功了。

　　世界著名交響樂指揮家小澤征爾在一次歐洲指揮大賽的決賽中按照評委會給他的樂譜指揮演奏時，發現有不和諧的地方。他認為是樂隊演奏錯了，就停下來重新演奏，但仍不如意。於是，他認為是樂譜錯了。這時，在場的作曲家和評委會的權威人士都鄭重的說明樂譜沒有問題，而是小澤征爾的錯覺。面對著一批音樂大師和權威人士，他思考再三，突然大吼一聲：「不，一定是樂譜錯了！」話音剛落，評判臺上立刻抱以熱烈的掌聲。

　　原來，這是評委們精心設計的圈套：以此來檢驗指揮家們在遭到權威人士「否定」的情況下，能否堅持自己的正確的判斷，前兩位參賽者雖然也發現了問題，但終因屈於權威而遭淘

汰，小征澤爾則不然，因為他的自信，他在這次指揮家大賽中摘取了桂冠。

依靠自己，相信自己，這是獨立個性的一種重要成分。所有的偉大人物，所有那些在世界歷史上留下名字的偉人，都因為這個共同的特徵而出類拔萃。與金錢、權力、出身、親友相比，自信是更有力量的東西，是人們從事任何事業最可靠的資本。自信能排除各種障礙，克服種種困難，能使事業獲得完美的成功。自信者往往都相信自己的能力，總是能夠大膽、沉著的處理各種棘手的問題，從外表看去，他們都表現得比較開朗、活潑。

自信是一種動力，信心所給予生命的，不只是一種襯托、一種憑藉，還是永遠的支持和力量。有了自信，就不會在突發事件面前慌張，就不會懼怕挑戰，就能穩紮穩打的完成自己的事業。在心理學中有這樣一個著名的實驗。一個教育界的權威人士曾把一個學習優秀的學生當做學習成績較差的學生來對待，而將一個成績不好的學生用優秀學生的標準來教導。在期末考試的時候，情況發生了變化，本來是兩個成績相差甚遠的學生，在考試的平均成績竟然相差無幾。

這個實驗，說明了自信心對一個人的影響。用對待好學生的念度來對待差學生，使學生的自信心得到鼓勵，因而學習積極性大增；而原來的好學生受到教師懷疑態度的影響，信心受挫，致使學習態度轉變，影響了學習成績。

自信，可以說是英雄人物誕生的孵化器，自信造就了一批

批傳奇式人物。然而，自信不僅僅造就英雄，也成為平常人人生的必需，缺乏自信的人生，我相信必是不完整的人生。我自己也有深刻體會。因為我的心靈有一種信念在支撐著我，那就是成功、我要成功，所以，我的人生之路一直走得很好。這一切的結果，決定於我自己堅定的信心，堅忍不拔的意志。朋友們，請記住：一定要充滿自信，因為人生需要自信，自信讓人成功。

相信自己，力量在心中。只有自己肯定、自己相信自己，才能讓別人不敢輕視你，你才能登上生命的最高峰，俯視群峰，體會「會當凌絕頂，一覽眾山小」的感覺。每一個人都應擁有自信，用自信把自己武裝起來，去戰勝生命中的挑戰與挫折。

第六節
向成功者致敬，他們是我們的啟蒙大師

　　一個人如果沒有奮鬥的榜樣，就會在變化萬千的世界中失去自我航行的方向；一個創業者，如果不為自己的未來尋找一個標竿，就會在無情的競爭中迷失自我，找不到自己的立足點。與強者同行，向成功者看齊，才能做強者中的強者。

　　美國微軟公司創始人比爾蓋茲從小就有非凡的抱負和志向。他曾對好友卡爾‧愛德蒙德說：「與其做一棵草坪裡的小草，還不如成為一株聳立於山丘上的橡樹。因為小草千篇一律，毫無個性，而橡樹則高大挺拔，昂首蒼穹。」

　　蓋茲很小的時候，就具有一種執著的性格和強烈的進取精神。不管是演奏樂器，還是寫作文，或者體育競賽，他都會傾其全力，花上所有時間去出色的完成。老師布置四、五頁篇幅的作文，他能鑽進父親的書房仔細研讀多種專業書籍後洋洋灑灑寫出三十多頁；參加童子軍的八十公里徒步行軍時，他儘管磨破雙腳，仍咬緊牙關堅持前行。「有非凡志向，才有非凡成就。」作為一個孩童，能夠有如此強烈的進取精神以及堅強的意志和忍耐力，實屬不易。愛德蒙德說：「比爾蓋茲不管做什麼事，不到極致，他絕不甘心。不管他做什麼，都要比別人做得更好，要達到最好。」這種天生要強、盡全力精心把每一件事

都做得近乎完美的態度，是蓋茲寶貴的精神財富，支持著他一步步走向成功。

許多年前，一個妙齡少女來到東京帝國飯店當服務員。這是她的第一份工作，也就是說她將在這裡正式步入社會，邁出她職業人生的第一步。因此，她很激動，暗下定決心：一定要好好做！但令她想不到的是：上司竟然安排她去洗廁所！洗廁所！這個沒人願意做的骯髒工作竟然安排給一個細皮嫩肉、喜愛潔淨的妙齡少女，何況她從未做過粗重的活，做得了嗎？洗廁所在視覺、嗅覺以及體力上都會讓她難以接受，心理上的厭惡更讓她忍受不了。當她用自己白皙細嫩的手拿著抹布伸進馬桶時，胃裡立即翻江倒海，噁心得想要嘔吐卻又嘔吐不出來，太難受了。而上司對她的工作品質要求高得駭人：必須把馬桶抹洗得光潔如新！這時，她面臨著人生第一步怎樣走下去的抉擇：是繼續做下去，還是另謀職業？繼續做下去 —— 太難了！另謀職業 —— 知難而退？人生之路豈有退堂鼓可打？她不甘心就這樣敗下陣來，因為她想起了自己初來時曾下過的決心：人生第一步一定要走好，馬虎不得！

在關鍵時刻，同單位一位前輩及時出現在她面前，他並沒有用空洞的理論去說教，只是親自做了個樣子給她看。

這位前輩一遍遍的抹洗著馬桶，直到抹洗得光潔明亮。最後，他從馬桶裡盛了一杯水，一飲而盡。實際行動勝過萬語千言，恍然大悟，如夢初醒！她痛下定決心：就算一生洗廁所，也要做一名洗廁所最出色的人。從此，她成為一個全新的、振

奮的人。幾十年的光陰一瞬而過，後來她成為日本政府的主要官員 —— 郵政大臣。她的名字叫野田聖子。

　　成功人物的身上都蘊藏著平常人所不具備的素養，那才是他們成功的主要原因，如果你要想成為成功者中的一員，就必須像成功者那樣，不斷挑戰自我、不斷打拚進取。

第七節
信心是你前進的明燈，照亮前方的每一步

　　做人需要有野心，更需要信心，信心是源，野心是流。沒有了信心，也就無從再談野心了。信心是一種自信的心態。這種心態能變被動為主動，變劣勢為優勢。信心的力量是巨大的，有了自信，就有了頑強的精神和意志，從而戰勝自己，戰勝重重困難。

　　德國哲學家謝林說過：「一個人如果意識到自己應該成為什麼樣的人，如果在思想上覺得自己很重要，那麼很快在現實生活中他也會覺得自己很重要。」一個人如果非常自信，非常相信自己的能力，就會很快的擁有巨大的力量。

　　一個有自信心的人在面臨一個問題時，會自我激勵，會讓積極的想法從潛意識跳躍到有意識的層面。尤其是對於那些處於人生低谷的人們，這種自我激勵顯得尤為重要。如果你對你一再的下正面的指令，你的信心就會大增。如果你在心裡默念：「每天，我在各方面都會越來越好。」這種自我暗示會給你帶來非常有利的結果。

　　宗教人士總是告誡我們，要對生活有「信心」，卻從來沒有告訴我們「如何」才能擁有信心。他們從來沒有發現「自我暗示可以引發信心。」大多數人最大的弱點是缺乏自信。這個弱點是可以借助自我暗示的方法加以克服的。透過寫作、背誦

和記憶的方式，把正面的思考表達出來，直到這種思考成為你的潛意識。人的心裡所設想和相信的東西，人都可以用積極心態去獲得。被譽為「現代印度國父、印度聖雄」的甘地所擁有的力量超出了同時代的任何人。但是，他從來沒有操縱過任何正常的權力工具，比如金錢、軍隊。他沒有錢，沒有家，甚至沒有一件像樣的衣服，可是他實實在在的擁有力量。他創造了信心，並憑藉自己的能力，將這種信心植根於數億印度人民的心中。

信心是一種精神狀態，是一個人對自身力量的一種了解、信任和融合的表現。透過調整自己的內心世界，接受來自無限智慧的力量，你可以獲取自信心。擁有自信心，就可以克服疑惑和恐懼，消除自卑心理，並將其消極轉化為積極。

第十章
科學也解釋不了的精神力量

　　精神存在於人的信念之中，歷來具有支撐人生、鼓舞鬥志的強大作用。精神時常賦予人們以神奇的力量從而創造奇蹟。人在某些時刻所爆發出的精神動力是一股巨大無比的能量。一個人，如果失去了精神，失去了一種力量的支撐，沒有了一種堅定的信念，面臨的將是事業的失敗，情感的縮減，素養的粗鄙，而那些具有精神力量的人，是可以坦然面對生活中的一切的。把他放在最孤寂的地方，他不凋落；把他放在最熱鬧的地方，他不張揚。他用精神支撐著自己強大的心靈，並矢志不渝。

第一節
精神的力量，昇華向更高的夢想

　　人活精、氣、神，說的就是精神力量支撐人的一生。一個人如果沒有精神力量，就如同行屍走肉。世界是物質的，也是精神的，精神力量統領物質世界，具備強大精神力量者，肯定能擁有良好的人際關係，獲得事業的成功。精神力量是一個心理學和社會學的概念，指人的思想意識、思維活動和一般心理狀態中產生出自信、自強、熱情與活力，以及與之相對應的自我控制力和自我約束力。這樣表述起來比較抽象，我們可以透過下面這個實驗來說明精神力量的作用。

　　曾有一位美國科學家做過這樣一個實驗：把一名死刑犯人固定在手術臺上，告訴他他將被執行一種「放血死亡」的死刑。然後在他的胳膊上插入輸血管，將輸血管的另一端放入一個很大的容器。「放血」開始後，科學家將死刑犯人的臉蒙上，並用止血鉗夾住血管，然後用自來水的水滴滴入那個盛血的容器，發出血滴似的聲音。一段時間後，科學家驚奇的發現，那名死刑犯人真的死去了。

　　這個實驗證明，一個人的精神一旦崩潰，甚至能使這個人死去。

　　無獨有偶，還發生過類似的事件。

　　一個農民在得知自己得了肝癌後，放棄了治療，抱著活一

天算一天的念頭，每日吃飽喝足之後，或做點農耕，或四處遊玩，優哉悠哉逍遙度日。結果，他活過了一天又一天、一月又一月、一年又一年。後來這個農民去檢查身體時竟然發現，他的肝癌已經痊癒。

這應該也是精神力量創造出來的一個奇蹟。倘若這個農民在得知自己得了肝癌後精神崩潰、消沉絕望，可能他的生命早已被病魔所吞噬。但他沒有被死神和病魔所嚇倒，憑藉樂觀的心態與合理的生活方式，使他身體的免疫力和抵抗力得以超常發揮，最終擊敗了病魔。

從這兩個例子可見，人的精神力量是多麼強大！人活在世上，總會遇到各式各樣無法逃避的危機和困難。我們以什麼樣的精神狀態、用什麼樣的方法去克服困難、度過危機，可能正是折射出我們精神力量之所在。

俗話說：「世界上『沒有比人更高的山，沒有比腳更長的路』，既有『哀莫大於心死』，也有『天無絕人之路。』」相信精神的力量吧，精神力量能使人把潛力發揮到極致。人的生命只有短短幾十年，如白駒過隙。如果沒有精神支撐我們的身體，那麼我們和行屍走肉沒有什麼區別。理想、信念、目標、追求、情感、責任……都是一種精神。那麼，在現實生活中，怎樣才能培養自己的精神力量呢？

第一，要一股幹勁。每個人都有自己的職業，職業既是謀生的方式，同時更是自身價值的展現。常常聽見人們說自己的職業怎麼怎麼不好，簡直是做一行怨一行。其實，那是我們的

內心在作怪。敬業是一種職業道德，做好了本職工作才有成就感，才能展現出我們每個人的價值。當然，強迫性的敬業是不可能的，需要我們把工作當成一種生活，在工作中有一種目標追求，朝著自己的目標不懈努力，這種幹勁展現的就是一種執著的精神。

第二，要一股拼勁。比如古語中常出現的「狹路相逢勇者勝」這句話。

第三，要一股韌勁。人生在世不可能一帆風順。當你處在人生低谷的時候最需要的就是一股韌勁。有的人離成功只差一步，但往往沒有去堅持，最後功虧一簣。當今社會，誘惑很多，常常使人焦躁不安。每個人都渴望成功，但是沒有人能夠隨隨便便就成功。在人生的高潮時，我們必須保持一顆清醒的頭腦，不驕不躁，繼續努力；在人生處於低谷的時候，更需要保持高昂的鬥志，不向命運屈服，總結經驗教訓，不斷努力。在任何時候，都需要給自己打氣，鼓勵自己，適時還需要點阿Q精神。當然，無論身處何時，以崇高的道德和踏實的作風做人做事，最後一定能有所收穫。

人是需要有一種精神的。這種精神就是生命不息、奮鬥不止的幹勁，處於狹路時勇於打拚的一種拼勁，處於低谷時的堅持不懈韌勁。總之，人需要的就是這樣一種精神！

第二節
恆心，隨時在目的地指引著你

科學家牛頓曾說過：「一個人如果做事沒有恆心，那麼他做任何事情都很難成功。」牛頓這句話說明了我們做事情的時候一定要有恆心，持之以恆，堅持做下去，才比較容易成功，否則三天打漁兩天晒網，到最後只會一事無成。

我們做很多事情都不是一帆風順的，必然會遇到各種問題，磕磕碰碰，導致我們無法集中精力，也很難堅持，也很難保持開始的熱情，這時如果缺少堅持下去的恆心，往往會導致事情做了一半就停止了，最後失敗。

我們每個人要做成一件事情、完成一項工作或成就一番事業，沒有恆心是不行的，這個道理大家都懂。正如馬克思所說：「在科學的征途上，沒有什麼捷徑可走，只有沿著崎嶇道路不停攀登的人，才有希望達到光輝的頂點。」不停的攀登就是一個人恆心的表現。反之，如果沒有恆心，做一件事情，也可能事與願違；做一項工作，也可能半途而廢；做一番事業，也可能前功盡棄，遺憾終生。恆心就是孜孜以求、堅忍不拔、永不言棄。

想要有恆心，必須具有一個明確的奮鬥目標。我們不可以好高騖遠，但也不能胸無大志，要有一個切合自己、切合實際的目標，不能高不成低不就。尤其是剛出校門的學生，眼光不

能瞄得太高太遠，一走出校門就想當主管。要從較低處確立一個人生的目標，從小處著手，一屋不掃何以掃天下？先齊家，而後治國，一步一腳印，踏踏實實的做好每一件小事情。如果今天想做這個，明天又羨慕那個，朝秦暮楚，就很不現實，浪費時日，到頭來將會一事無成。

要有恆心做事，必須具有與之相適應的能力水準。人的能力水準不是一生下來就有的，一是借鑑前賢。實踐是最好的老師，及時總結自己的成功與不足，就會看到能力水準的提高。

用恆心去做事，必須具有堅忍不拔的毅力。俗話說：「吃得苦中苦，方為人上人。」年輕的朋友要先在基層打好基礎，不要過早想出人頭地，是金子在哪裡都會發光，而只有真金的光亮才久遠。

「苟有恆，何必三更起五更眠；最無益，只怕一日暴十日寒。」持之以恆就是你成功的鑰匙。

第三節
知識是精神的補給品，吃下它打造無窮動力

眾所周知，人要想進步就一定要學習。有這樣一句話：「窮人不學，窮無止境，富人不學，富不長久。」這裡的窮與富我們可以理解成經濟上的窮與富和思想上的窮與富，如果你身無分文，那麼只有透過你富有的大腦才可以幫助你想到成功的點子。

有人認為，學習只是青少年時代的事情。只有學校才是學習的場所，自己已經是成年人，並且早已走向社會了，因而再沒有必要進行學習，除非為了取得文憑。這種看法乍看之下，似乎很有道理，其實是大錯特錯了。在學校裡自然要學習，難道走出校門就不必再學了嗎？學校裡學的那些東西，就已經夠用了嗎？

其實，學校裡學的知識是十分有限的。學習如何再學習是非常重要的事情，工作和生活中需要的很多知識，課本上都沒有，老師也沒有教給我們，這些東西完全要靠我們在實踐中邊學邊摸索。有些人走出學校投身社會後，往往不再重視學習，似乎頭腦裡面裝下的東西已經夠多了，再學會漲破腦袋。殊不知，學校裡學到的只是一些基礎知識，數量也十分有限，離實際需要還差得很遠。特別是在科學技術飛速發展的今天，我們只有以更大的熱情，如饑似渴的學習、學習、再學習，才能不

斷的提高自己的整體素養，以便更好的投身到工作中。

據美國的一項調查，半數的勞工技能在一至五年內就會變得一無所用，而以前這些技能的淘汰期是七至十四年。特別是在工程界，畢業十年後其原本所學的知識還能派上用場的不足四分之一。因此，學習已變成必要的選擇。

無論從事哪一種事業，都需要不斷的學習。只有學習才能擴大視野，獲取知識，得到智慧，把工作做得更好。大凡傑出的人，都是終身孜孜不倦學習的人。在漫長的人生中，即使再忙再苦再累，我也不應該放棄對知識的追求。學習既是我們獲取知識的途徑，又是我們在逆境中的精神支柱。知識是沒有止境的，學習也應該是沒有止境的，學習使人的思想、心理和精神永遠年輕，也使他們的事業日新月異。

紐約的戴爾·卡內基學院有一位學員名叫埃德·格林，他是一位十分傑出的推銷員。他的年收入能超過七十五萬美元，相當於在今天經濟條件下的十二萬美元。格林講過這樣一個小故事：

當我還是一個小男孩的時候，有一次我的爸爸帶我參觀了我們家的菜園。爸爸可以說是當時那個地區最好的園丁，他在園子裡辛勤耕作，熱愛它，並且以自己的成果為榮。當我們參觀完之後，爸爸問我從中學到了什麼。而我當時只能看出來爸爸顯然在這個園子裡下了番工夫。對這個回答爸爸有些沉不住氣了，他對我說：「兒子，我希望你能夠觀察到當這些蔬菜還翠綠時，它們還在生長；而一旦它們成熟了，就會開始腐爛。」

　　我一直沒有忘記這件事，我來學院上這門課是因為我認為自己能從中學到些什麼，坦白的說，我確實從其中一節課中學會了一些東西，那使我完成了一筆生意並得到了上萬美元，而我曾花了兩年多的時間試圖做成它。我所得到的這筆錢能夠付清我這一生接受促銷培訓的所有花費。

　　在人生的這場遊戲中，你應當保持生活的熱情和學習的熱情，不斷的吸取能夠使自己繼續成長的東西來充實你的頭腦。彼得‧札克這樣闡述這個觀點：「知識需要提高和挑戰才能不斷增長，否則它將會消亡。」

　　「博學之，篤行之。」願我們每個人都能以執著的精神學習知識、充實頭腦，並運用所學知識指導實踐，推進工作，創造屬於自己的美好未來！

第四節
種下一顆大樹，長出屬於自己的森林

　　有句話說：「心有多大，舞臺就有多大。」志向決定了一個人的發展空間，如果一個人的目標遠大，那麼他必然會成為一個追求卓越的人，這種人就有可能成功。拿破崙曾經說過一句名言：「不想當元帥的士兵不是好士兵。」這是對「野心」的最好說明。也許有人認為，「野心」一詞是貶義詞，但是世上成大事者都是因為自己有一顆「要想當元帥」的野心而最後如願以償的，否則就會永遠平庸下去。這裡講的野心其實是雄心。我們提倡的有野心是以既有助於自己發展又不損害別人利益的心態。

　　野心每個人都可以擁有，不管你是窮人還是富人。在很多時候，窮人之所以窮，大多是因為他們有一種無可救藥的弱點，也就是缺乏致富的野心。在一般人看來，窮人之所以窮是因為缺少錢和物。實際上，窮人真正缺的是野心 —— 成為富人的野心。為什麼如此說呢？因為，窮人之所以窮，就在於他們現在的思想還停留在現狀，只求一時的滿足，而不著眼將來，更沒有成為富人的野心。也許他們在睡夢中有做過富人的美夢，但是夢畢竟是夢。現實的情況還是沒有改觀。

　　從前，有個人很窮，一個富人可憐他，想幫他致富。富人送給他一頭牛，囑咐他好好開荒，春天撒下種子，秋天就可

以脫離貧窮。窮人滿懷希望開始奮鬥。可是沒過幾天，牛要吃草，人要吃飯，日子比過去還難。於是他想，不如把牛賣了，買幾隻羊，先殺一隻吃，剩下的可以生小羊，長大可以賣更多的錢。窮人的計畫如願以償。只是吃了一隻羊之後，小羊遲遲沒有生下來，日子又艱難了，忍不住又吃了一隻。窮人想，這樣下去不行，不如把羊賣了買些雞，雞生蛋的速度要快些，日子立刻能好轉。窮人的計畫又如願以償，但是日子並沒有改變。艱難時，他又忍不住殺雞，終於殺到只剩一隻雞時，窮人的理想徹底崩潰。心想，致富是無望了，不如把雞賣了，打壺酒，一醉解千愁。春天來了，富人興致勃勃送來種子，發現窮人醉臥在地上，依然一貧如洗。富人轉身走了，窮人繼續貧窮。

每個人都曾有過夢想，在追逐夢想的道路上，有的人停了下來，有的人堅持了下去。那些堅持自己夢想的人最終會收穫自己的果實。這裡需要指出的是，取得成功不光需要有野心，還需要一定的手段。手段是成功的保證，沒有手段的行動和計畫一定是事倍功半的。手段從何而來？對於那些成大事者來說，他們善於總結、反思、比較，從而找到自己的強項——自己究竟能做什麼和不能做什麼，並付出實際的行動。這個過程就是發現自己成大事手段的過程。從心理學角度來看，成功有提升自我評價、增強自信心的作用，而強大的野心可以促使人獲得成功從而消除心中的自卑感，變得更加自信。野心可以讓人發揮出全部的才能。

　　當你有強烈的野心去改變自己的命運的時候，所有的困
難、挫折、困擾都會給你讓路。野心有多大，就能克服多大的
困難，就能跨越多大的險阻。你完全可以挖掘出生命中的潛
力，激發出成功的欲望，因為欲望在這個時候就會化作力量。

第五節
用樂觀當盾牌，戰勝悲觀的攻擊

　　在這個世界上，每個人都不可能一帆風順，事事如意，總會有煩惱和憂愁。當不順心的事情到來的時候，我們該如何面對呢？「隨緣自適，煩惱即去。」何為隨？隨不是跟隨，而是順其自然，不怨恨、不躁進、不過度、不強求；隨不是隨便，而是把握機緣，不悲觀、不刻板、不慌亂、不忘形；隨是一種樂觀，是一種灑脫，是一份人性的成熟，一份人情的練達。很多事情你越想得到它，反而往往會遠離你，正所謂凡事不要太過強求。

　　在生活中，不論遇到什麼不盡如人意的事情，都要積極樂觀的去面對，要有一個快樂的心態，要積極的去努力、去改變、去創造。悲觀和樂觀都是一種做人的態度，如果常常以悲觀的態度對事情下結論，就看不到光明面，就會失去了信心，也失去了快樂。並且，悲觀不僅會影響自己積極行動，也會感染周圍的人，給大家帶來不快，因此，切勿悲觀，因為悲觀的人總是與失敗與不幸相伴隨的。

　　培養積極樂觀的心態需要長期不懈的練習，它就像一種熟練的技藝，練到最後手到自然心到，很快就會成為習慣。雖然在某些事情上，我們可以表現出積極樂觀的心態，但如果要想在對待任何事情上都能做到這樣，則不是一件容易的事。就像

拿破崙·希爾指出的那樣:「積極的心態需要反覆的學習與實踐。就像我們打高爾夫球那樣,你可能在某個時刻打了一、兩桿好球,便以為自己懂了這項運動,但在下一個時刻,你可能連球都擊不中呢!我們需要每一天的學習,以克服自己的負面習慣,將自己調整為正向的思維方式。」拿破崙·希爾在採訪了許多成功人士之後,總結出一條培養積極心態的做法,那就是,與你過去的失敗經驗徹底決裂,消除你腦海中那些與積極心態背道而馳的所有不良因素。找出自己一生中最想得到的東西,並且立即開始行動,努力追尋你的目標。

保持良好的心態,就要努力提高自己的心理健康水準,培養堅實的心理素養。要了解自己的性格特點,完善自身心理塑造。人貴有自知之明,對自己的性格特徵、優點與缺點應該有個正確的認識,這樣才能正確面對生活中的各種挫折和坎坷,有意識的彌補自己的性格缺陷,理智對待成功與失敗,恰當的調整自己的心境,不斷適應複雜的情況。在面對生活當中的成功與失敗時,一定要有平常心態,勝不驕,敗不餒,積極從主觀上找原因,改進方法,讓自己一點一點的走向成功。

第六節
給心靈一場舒緩的 SPA

　　每個人都會受傷，這些傷或深或淺，或大或小。表現在生活中，就是我們所遇到的挫折，挫折是個體在滿足需要的活動過程中，遇到阻礙和干擾使個體動機不能實現，個人需要不能滿足。受挫後的心理失衡，不僅影響人的工作、生活，還會嚴重影響人的健康。

　　長久的心理失衡，不僅會引起各種疾病，甚至能使人喪生。現代生活中，都不可避免要遇到各式各樣的挫折。面對困難和挫折，許多人常常會痛苦、自卑、怨恨，失去希望和信心。在挫折面前，有的人會出現暴怒、恐慌、悲哀、沮喪、退縮等情緒，影響了學習和工作，損害了身心健康。有的人卻笑對挫折，對環境的變化作出靈敏的反應，善於把不利條件轉化為有利條件，擺脫失敗，走向成功。

　　如果我們對於要實現的目標有堅定的信念，那麼，我們便能戰勝挫折。如果能夠樹立起一種「永不放棄」的個人哲學觀，那麼，我們便會把挫折僅僅看成是我們要越過的障礙，看成是對我們的智慧的挑戰。相反，如果缺乏這種堅強的力量，挫折就會變成摧毀我們自我信念的工具，變成我們前進道路上的不可逾越的難關。

　　持消極態度的人甚至會將很小的挫折都看成是無法解決的

大事。這種看待問題的方式，常常導致人們把大量時間與精力浪費在無法改變的事情上，並作出無益反應。

日本本田公司開發新型節能發動機與加利福尼亞立法的故事就是這方面的典型例子。本田沒有把這個立法看成一個重要挫折，而是把它當成是一個機會。儘管不知道怎麼去做這種發動機，但他們堅信自己能夠成功。相反，美國的汽車製造商則一直把它看成是又一個破壞商業的提案，不是去解決它所提出的問題，而是要改變立法。這是對待同一個問題的兩種明顯不同的態度，一個是富有遠見並最終取得成功的態度，另一個則是軟弱並處於被動的態度。

成功者能恰如其分的看待挫折。他們認識到有些事情是他們無法控制的，如銀行利率、天氣、同行的可靠性等。為此，他們採取接受、適應的態度，以使自己的工作順利的開展起來。人們常常埋怨自己的環境不好，而成功者是不依賴環境的。生活在這個世界上，人們都是在適應自己所想要的環境，如果找不到，就要自己創造。

在挫折面前該如何調節自己呢？我們可從以下幾點去做：

第一，保持清晰的頭腦，明確自己今天、明天、這週、下週和這個月需要做的事情，待解決的事情，將會遇到的事情，不急不躁，別虛度和浪費時間。做到這樣的話，自己的心理狀態會很輕鬆，不會慌亂和有壓力，自己也不會譴責自己庸庸碌碌的度過了一天。

第二，嘗試和不同的人交流，嘗試交新的朋友，嘗試接觸

新的事物。這樣做的好處很多，僅從調節精神狀態來說，因為一成不變的生活和事務會消磨我們的精神能量，讓我們覺得生活枯燥無味，如果你嘗試新的事物，你會覺得生活充滿驚喜和樂趣。

第三，確定自己的短期和長期目標，尋找到自己生活的意義。不要懷疑自己的存在，也不要把自己的存在看作是上天的安排而自己不需要有所行動和作為。有目標才會有前進的方向和動力，這個目標不在乎大或小，按照這個目標，努力去做，去嘗試實現，不要輕易放棄。

第四，不要憂愁善感，在能選擇開心一笑時何不開懷一笑而非要選擇冷漠呢？記住，在生活中，要經常面帶微笑，用微笑感染每一個你身邊的人。

第五，忘掉和看開以前的許多不開心的事，比如內疚、悔恨、自責、失敗、傷害、心理陰影等等。

第六，做一些自己愛做的事，放鬆自己，多一些能讓人放鬆開心的行為習慣。比如想看電影了，就好好的選一部好電影，什麼也不想，很專注的看完它；隔段時間出去外面吃頓自己想吃的「大餐」；用筆或相機記錄生活的點滴感動、美好；有自己的興趣；經常散步，到樹下、湖邊走走也是一個不錯的選擇。

第七節
吃虧是進步的祕密通道

「吃虧是福」是鄭板橋說過的一句至理名言。經過漫長時間的洗滌和錘鍊，這句名言在現在這個浮躁喧囂的時代，仍然為很多智者所推崇，並成為他們的處世之道。不能不說，「吃虧就是占便宜」是超越時代的智慧。

要想辦成大事，就要勇於吃小虧、善於吃小虧，吃小虧方能「占大便宜」，獲得真正的實惠。一個人只要願意吃小虧、勇於吃小虧，不去事事占便宜，討好處，日後可得大「便宜」。年輕人要懂得吃虧。許多時候，吃虧也是成長的必經之路，而且價值連城。

第二次世界大戰的硝煙剛剛散盡，以美英法為首的戰勝國們幾經磋商，決定在美國成立一個協調處理世界事務的聯合國。一切準備就緒之後大家才驀然發現，這個全球至高無上、最權威的世界性組織，竟然沒有自己的立足之地。買一塊地皮吧，剛剛成立的聯合國機構還一窮二白。讓世界各國籌資吧，牌子剛剛掛起，就要向世界各國搞經濟攤派，負面影響太大。況且剛剛經歷了第二次世界大戰的浩劫，各國政府都國庫空虛，許多國家甚至財政赤字居高不下，在寸土寸金的紐約籌資買下一塊地皮，並不是一件容易的事情。聯合國對此一籌莫展。

聽到這一消息後，美國著名的家族財團洛克斐勒家族經商

議，便馬上果斷出資八百七十萬美元，在紐約買下一塊地皮，將這塊地皮無條件的贈予了這個剛剛掛牌的國際性組織——聯合國。同時，洛克斐勒家族亦將與這塊地皮的大面積毗鄰地皮全部買下。對洛克斐勒家族的這一出人意料之舉，當時許多美國大財團都吃驚不已，對於第二次世界大戰後經濟萎靡的美國甚至全世界，八百多萬都是一筆不小的數目呀，而洛克斐勒家族卻將它拱手贈出了，並且什麼條件也沒有。這條消息傳出後美國許多財團主和地產商都紛紛嘲笑說：「這簡直是蠢人之舉！」並紛紛斷言：「這樣經營不用十年，著名的洛克斐勒家族財團，便會淪落為著名的洛克斐勒家族貧民集團！」但出人意料的是，聯合國大樓剛剛建成完工，毗鄰的地價便立刻飆升起來，相當於捐贈款數十倍、近百倍的巨額財富源源不斷的湧進了洛克斐勒家族財團。這種結局，令那些曾經譏諷和嘲笑過洛克斐勒家族捐贈之舉的財團和商人們目瞪口呆。

在人生的選擇過程中，多數年輕人總是對自己可能的利益損失黯然神傷。如果他們懂得「吃虧」的處世之道，就不會因為個人得益的得失而心存煩惱和猶豫。在適當的時候讓出自己的一部分權力和利益，這種放棄、給予、「吃小虧」，往往是為了達到某一個更高的目標，這也是一種自信的表現。

從客觀的角度說，一個人只要願意吃小虧，日後必有大便宜可得也必成「正果」。那種事事處處要占便宜、不願吃虧的人，只會使自己的路越走越窄，也很難有大便宜到手。這也是為許多歷史經驗和先人所證明的。當然吃虧也需要善於分析利

弊。現實生活中，能夠主動吃虧的人實在太少，這並不僅僅因為人性的弱點很難拒絕擺在面前本來就該自己拿的那一份，也不僅僅因為大多數人缺乏高瞻遠矚的策略眼光、不能捨眼前小利而爭取長遠大利。能不能主動吃虧，實在還和實力有關，因為吃虧以後利潤畢竟少了，而開支依然存在，就很可能出現虧空，如果吃虧後很快就能獲得報答，那麼還撐得住。吃虧就等於放血，對體弱多病的人來說，可能致命。能吃虧是做人的一種境界，會吃虧則是處世的睿智。誰也避免不了吃虧，越計較越容易吃虧，與其如此，還不如放開，把自己的眼界放寬，格局放大，用眼前的微薄損失換取日後的廣「利」巨「資」。人都是在不斷的吃虧中成長起來的。會吃虧的人會選擇今天吃虧，明日受益。

第八節
畫畫時亂灑顏料，反而創造出意想不到的美

　　生活中，你有沒有發現這樣一種現象。當你出門搭公車時，你做好了趕不上車的最壞打算，沒想到趕上了車；當你覺得邀約某人共進晚餐是件困難的事，結果他卻意外的出現在你的面前。這說明一點，當你做最壞打算時，成功後你會感到意想不到的驚喜。在這個世界上，沒有一個人敢保證自己做的事一定會成功，既然前途充滿著不確定性，給自己留條後路也未嘗不是一件好事。但這樣做也有一個前提，那就是在做事時一定要盡到自己最大努力，而不是把最壞打算當成遇到困難退卻的藉口。

　　有一句老話說「生於憂患，死於安樂」，意思是說人們在比較困苦的環境中容易產生奮鬥的勇氣，反而能更好的生存；而在相對安樂的環境中，因為沒有生存的壓力，就容易產生懈怠心理，反而會給自己帶來危難。這句話也可以這樣理解：人們如果時刻都有憂患意識，在完成事情過程中不敢有絲毫的懈怠，那麼便能達到成功的目的，如果安於享受，抱著今朝有酒今朝醉的態度去生活，那麼就有可能招來失敗。

　　就成功與失敗兩者之間的關係而言，成功過後也許就是失敗，而失敗過後也可能會迎來成功。所以，人們要對兩者有一個正確的態度和觀念，即使成功了，也不驕傲；相反，就是失

敗了，也不氣餒。人要有危機感。借用現代的流行語言來說，就是要有生存的危機意識。因為，你自認為自己的命好，但是運氣好也不一定就能獲得成功。在這個世界上，沒有什麼事情是絕對的，一切皆有可能。如果你在經商的時候，總是往好的方面想，那麼，結果往往是不盡如人意的。如果你能夠先做好最壞的打算，然後再努力去做。那麼，結果往往會向好的方向發展，從而取得圓滿的結果。

　　不管是誰，在作出決策的時候，往往受到自身知識和經驗的限制。有時候會作出一些錯誤的決策。所以，無論什麼時候，做最壞的打算，就能最大限度的挽回損失，也能最快的走出低谷。世事並不像想像的那麼艱難，只要敢想、努力去做，就沒有實現不了的理想。但這樣的理想是建立在自己不斷學習、不斷吸收的前提下的。就像一個蓄電池，當能量充沛的時候才能發出更大的光和熱。在此前提下，把最壞的底線設定好，就能勇往直前了。做好最壞的打算，盡自己最大的努力，這應該成為我們每一個人奉行的做事準則。

　　也許有人會說，剛開始就做好最壞的打算，這不是對自己缺乏信心嗎？事實上，這種心願是美好的，任何一個經商的人都希望自己的每一項投資都能成功，沒有失敗。但是，人算不如天算，許多時候，外界的因素往往會影響決策及事情的發展。比如天災、政策的干擾、經濟蕭條等。這些因素是不可能順應一個人的願望的。當這種情況發生的時候，如果你沒有做好最壞的打算，一方面你在心態上就會無法接受，從而導致你

精神萎靡，更有甚者，會影響你的下屬的士氣，導致整個團隊缺乏抵抗危機事件的能力。另一方面，由於你沒有做好準備，無法在瞬息變化的社會中及時作出補救的決策，從而失去最佳的解決方法，造成更大的損失。

　　由此可見，做好最壞的打算，實際上是一種為人處世的態度。冒險，又給自己留有退路；激進，卻提早想好應對措施，這種態度實際上給成功加了一道保險。

第十一章
就是要你超越

　　法國思想家盧梭說：「無論就男性或女性來說，我認為實際上只能劃分為兩類人：有思想的人和沒有思想的人，其所以有這種區別，差不多完全要歸因於教育。」其實，人活在世上只是一張皮囊，如果除去了思想靈魂，其實什麼也不剩下。因此，真正的人與人之間的區分，就是他們蘊藏在軀體裡的思想靈魂。因此，真正的朋友，也就是心靈伴侶。一個有學問的人不一定有思想，但是，有思想的人必定是有學問的人。因為思想必定要借助學問。否則，就成為無根之木，無苗之本。

第一節
想法，需要隨持保持熱度

現代社會，很多人都有這樣一種感覺：變化太快了！什麼都在變，人們的物質生活在變化，思想意識也在變。生活在這個社會中的人們，無論你是什麼年齡，從事何種職業，如果你不能適應變化，你就很快會被社會所淘汰。有時，儘管這種改變是被動的。

在現今競爭激烈、新舊知識更替如此頻繁的社會，沒有任何一個人敢保證自己什麼都懂，不需要再學習了。在自己的能力還不夠強大的情況下，我們只有要求自己努力適應環境，否則我們將無法生存。要適應環境我們需要做的還有很多，因為我們生活的環境也在不斷發生變化，其實這世上並沒有一成不變的事物，我們要不斷去改變自己，努力來適應社會的變化，社會環境是一個極其複雜的人生大背景，在這個背景下，個人的命運與時代、社會、國家的發展變化息息相關。人，要想生存，就必須適應這個不斷發展變化的社會環境，與社會環境同步發展變化，才能發展自己，實現自己的價值。當環境已經變化的時候，我們必須意識到這種變化，不能以老觀念對待新的環境。

法國生物學家曾做過一項研究：把一組毛毛蟲放在兩個大花盆的邊上，使牠們首尾相接，排成一個圓形，像一個長長的

遊行隊伍，沒有頭，也沒有尾。然後在毛毛蟲隊伍旁邊擺了一些食物。這些毛毛蟲要想吃到食物就要分散隊伍，不再一條一條前進。生物學家預料，毛毛蟲會很快厭倦這種毫無用處的爬行，而選擇轉向食物。可是毛毛蟲沒有這樣做。出於純粹的本能，毛毛蟲沿著花盆邊一直以同樣的速度走了七天七夜，一直走到餓死為止。

這雖是一個有趣的生物現象，但對我們的人生卻很有啟迪。當環境已經變化的時候，我們應重新審視所面對的人、事，抓住他們各自的特徵，了解其中的各種關係，及時調整自己的思維方式、處世方法和人生目標。

當我們進入一個新的環境之後，除了讓自己努力適應環境之外，對於那些不利於自己工作和事業發展的環境，我們應該考慮作某些改變。

英國作家莎士比亞是大家都熟悉的，但又有幾個人真正知道莎翁成名前的樣子呢？莎士比亞原來只不過是替劇院看管馬匹的打雜工而已，但他不因身處逆境而怨天尤人，而是一有空閒便從劇院的門縫偷看戲臺上的演出，他憑著這種執著的「偷學」精神，終於使自己聞名於世。

貝多芬是德國最偉大的音樂家之一。出身於德國波昂的平民家庭，很早就顯露了音樂上的才能，八歲開始登臺演出。西元 1792 年到維也納深造，藝術上進步飛快。貝多芬信仰共和，崇尚英雄，創作了大量充滿時代氣息的優秀作品，如交響曲《英雄》、《命運》；序曲《艾格蒙特》；鋼琴奏鳴曲《悲愴》、《月光》、

《暴風雨奏鳴曲》、《熱情》等等。貝多芬一生坎坷，沒有建立家庭。他二十六歲時開始耳聾，晚年全聾，只能透過談話冊與人交流。但孤寂的生活並沒有使他退縮，在一切進步思想都遭禁止的封建復辟年代裡，貝多芬依然堅守「自由、平等」的政治信念，透過寫作音樂作品《第九號交響曲》，為共和理想振臂吶喊。他的作品受十八世紀啟蒙運動和德國狂飆突進運動的影響，個性鮮明，較前人有了很大的發展。在音樂表現上，他幾乎涉足當時所有的音樂體裁；大大提高了鋼琴的表現力，使之獲得交響樂的戲劇效果；又使交響曲成為直接反映社會變革的重要音樂形式。

人只有適應環境，因勢利導，才能改變環境。如果與環境唱反調，那麼就只能是事與願違。如果身處一個不好的環境，而你的能量就不可能改變這個環境，那麼你只能適應。在這種情況下，你需要改變自己的觀念，不要抱怨，不要灰心，不要自暴自棄，在適應的過程中，你也許會發現或者找到改變環境的方法和途徑，那時候，你就擁有了改變環境的力量。

第二節
持有創新的地圖，才能幫自己找到出路

創新能力是在前人發現或發明的基礎上，透過自身的努力，運用知識和理論，在科學、藝術、技術和各種實踐活動領域中不斷提供具有經濟價值、社會價值、生態價值的新思想、新理論、新方法和新發明的能力。創新能力是民族進步的靈魂、經濟競爭的核心。當今社會的競爭，與其說是人才的競爭，不如說是人的創新能力的競爭。

如果沒有創新能力，便不會有今日的文明，人類可能與猩猩一樣過著鑽木取火的原始生活。如果愛因斯坦、愛迪生等人沒有創新能力，他們何以取得巨大的成就與收穫。如果一個人不具備創新能力，只能算是庸才。

如何結合自己的本職工作，提高自己的創新能力呢？要提高個人的創新能力，需要從以下方面入手：

第一，要注意總結前人的經驗和教訓。任何創新都不是無源之水、無本之木。因此，利用前人的知識和智慧對於創新是非常重要的。前人的經驗和教訓是我們創新的基礎，透過借鑑前人的工作，我們可以站在巨人的肩膀上看待問題、考慮問題和解決問題。

第二，注意發現和總結前人失敗的創新經驗。失敗為成功之母，這誰都不能否認，但是如果一味的失敗而不去思考失敗

的原因則沒有任何的幫助。透過發現和總結前人失敗的經驗我們可以發現很多問題，也就可以改變方法和途徑，成功的實現突破。

第三，要學會借鑑和組合。借鑑可以是思路，也可以是方法，更可以是產品。我們不要認為「拿了」別人的東西就不算創新，我們只是借用而已。文學家魯迅先生不是要我們用「拿來主義」精神去借鑑別人好的東西來彌補自己的不足嘛，這叫做「取長補短」。借用別人的經驗再加上自己的創新，那才是我們發展自己的上上之策。所以，要想提高自己的創新能力，借用別人的經驗和成果很重要！關鍵還要看你怎麼利用！

第四，遇到問題要注意從多方面考慮，而且要持之以恆，更要養成創新思考的習慣。只有這樣，創新思維才能在不知不覺中出現，單純的為創新而創新，靈感出現的可能性也不會很大。只有從多方面考慮和解決問題，才能出現解決問題的靈感，才能創新。千萬不要把靈感放走，生活中每個人都是有靈感的，一旦產生就要記錄下來，時間一長，新的思路、方法和途徑自然就出現了。

對每個人來說，要提高創新能力，還必須做到以下幾點：

首先，必須具有強烈的事業心和責任感。具有高度使命感的人，才會有強烈的憂患意識，才能「先天下之憂而憂」，戰勝自我，不斷尋求新的突破。不難想像，一個對自己所從事的工作毫無責任心的人，會積極主動的開動思維機器，創造性的解決遇到的問題。

其次，必須用人類的文明成果武裝自己的頭腦。任何創造都是對知識的綜合運用。

創造性思維作為一種思維創新活動，必然要以知識的占有作為前提條件。沒有豐富的知識作基礎，思維就不可能產生聯想，不可能利用知識的相似點、交叉點、結合點引發思維轉向，不可能由一條思維路線轉移到另一條思維路線，實現思維創新。

最後，必須堅持思維的相對獨立性。思維的相對獨立性是創造性思維的必備前提。愛因斯坦說過，應當把發展獨立思考和獨立判斷的一般能力放在首位。提高創新思維能力必須在思維實踐中不迷信前人，不盲從已有的經驗，不依賴已有的成果，獨立的發現問題，獨立的思考問題，在獨闢蹊徑中找到解決問題的有效方法。

第三節
好眼光，透視出未來的美好景象

在這個世界上，但凡有大成就的人，他們的眼光都會比別人看得更深更遠，也看得更準，因此他們的成功也更加快捷和更富有傳奇色彩。

在唐代京城長安有位叫寶公的人，他聰明伶俐，但卻財力微薄，難以施展賺錢本領。沒有辦法，他只能從小事做起。他在京城中四處逛逛，尋求賺錢門路。某日來到郊外，卻見青山綠水，風景極美，有一座大宅院，房屋嚴整。一打聽，原來是權要官宦的外宅。他來到宅院後花園牆外。但見水塘清澈直通小河，有水進，有水出，但因無人管理，顯得有點凌亂骯髒。寶公心想：生財的機會來了。於是他找到水塘的主人，提出要購買這片水塘，水塘主人覺得那是塊不中用的閒池，就以很低的價錢賣給了他。寶公買到水塘，又借了些錢，請人把水塘砌成石岸，疏通了進出水道，種上蓮藕，放養上金魚，圍上籬笆，種上玫瑰。第二年春，那名權要宦官休假在家，逛後花園時聞到花香，到花園後一看，直饞得他流口水。寶公知道魚兒上鉤了，立即將此地奉送。這樣一來，兩人成了朋友。

一天，寶公裝作無意的談起想到江南走走，官宦忙說：「我幫您寫上幾封信，讓地方官吏多加照應。」寶公帶了這幾封信，往來於幾個州縣，賤買貴賣，又有官府撐腰，不幾年便

賺了大錢，而後又回到京師。他早已看中了皇宮東南處一大片低窪地。那裡因地勢低窪，地價並不貴。竇公買到手之後，僱人從鄰近高地取土填平，然後在上面建造館驛，專門接待外國商人，並極力模仿不同國度的不同房舍形式和招待方式。所以一經建成，便顧客盈門，連那些遣唐使們也樂意來往。同時又闢出一條街來，多建娛樂場館，把這條街建成「長安第一遊樂街」，日夜遊客爆滿。不出幾年，竇公賺的錢數也數不清，成了海內首富。

獨特的眼光成就了唐代的富翁，而同樣的眼光發現財富的故事還出現在美國。

十九世紀，美國加州發現了金礦，這個消息像長了翅膀一樣迅速傳遍世界各地。很多人就認為這是一個千載難逢的發財良機，於是紛紛打點行囊，快快奔赴美國加州。一個十七歲的小農夫也加入了這支龐大的淘金隊伍，他的名字叫菲利浦·亞默爾。誰都知道，淘金夢是美麗迷人的，人人都想以此發財，就使得越來越多的人蜂擁而至。於是乎，加州的每一寸土地彷彿在一夜間就被淘盡，很多人卻連金子是什麼樣子都沒見過。當亞默爾歷盡艱趕到加州時，不但金子難淘，而且生活也越來越艱苦。當地氣候異常乾燥，幾乎找不到水源，許多淘金人不但沒有圓其致富夢，反而喪身此地。經過一段時間的努力，小亞默爾和大多數人一樣，非但沒有發現什麼金子，反而幾乎被飢渴奪去了生命。

一天，筋疲力盡的亞默爾望著空空的水袋，喉頭裡像是著

了「火」。人們對缺水的抱怨不絕於耳。亞默爾就突發奇想，看來淘金子是不太現實了，要是在這裡賣水肯定能大撈一筆！說做就做，亞默爾毅然放棄自己的淘金計畫，將手中挖金礦的工具當成了挖水渠的工具。不久，他就從遠方將河水引入水池，過濾後，成為乾淨的飲用水。然後將水裝進一個大桶裡，放到有淘金人的地方一壺一壺賣給他們。同來的夥伴就嘲笑亞默爾，說：「真是沒出息啊，我們不遠萬里的趕到這裡來，不就是想挖到金礦嗎？你倒好，竟做起這種蠅頭小利的小生意！」

但亞默爾卻不聽勸阻，繼續著他的小買賣。他並未因同伴的譏諷而沮喪，相反，他想：哪裡有這樣好的市場啊？最後，大多數淘金者都空手而歸，而亞默爾卻在很短的時間靠賣水賺到六千美元，這在當時是一筆非常可觀的財富了，他成了一個小富翁。亞默爾後來用這筆錢做起了肥皂生意，由此踏上巨富之路。

第四節
社會，要的就是你隨機應變

適應能力是一個人主體與客觀的連接能力，它不僅表現為觀察力，也表現為意志力和承受力。正因為適應能力對一個人的為人處世和生活狀況有重要影響，因而熟悉、了解自己心理適應能力的強弱，就成為人們所關心的話題。

一個人的環境適應能力，往往表現在對環境的敏感度和對挫折的承受力，每個人的適應能力都有不同。一方面是先天的因素；另一方面是後天的因素，可以透過各種方法對適應能力加以培養和提高，還有，透過心理訓練也可以增進身心健康，適應社會。適應力是一種經驗的學習與累積，如果能隨時保持自我改變的動機，就可以提高適應能力。

這裡，介紹幾種提高適應力的具體方法，相信對大家的生活有一定的幫助，這些方法總結起來一共有五點：

第一，要健壯身體。身體健壯的人在適應環境的過程中，精力充沛，敏感靈活，積極主動。

第二，要充實知識的儲備倉庫。「知識就是力量」，充實知識可以增強適應能力。在現代這個高科技社會裡，人們已不能僅憑個體經驗來適應社會、適應自然了，沒有知識的人在我們的社會裡只能舉步維艱、處處挨打。現代社會又是一個資訊社會，倘若你沒有一定的知識儲備，無法獲取有用的資訊，那麼

283

在這個越來越光怪陸離、紛繁複雜的社會裡，你就如同瞎子、聾子一樣，無法定向，無法從容處之。

第三，加強基礎能力、一般能力的培養。按照心理學的觀點，能力可分為一般能力和特殊能力。觀察力、注意力、思維力、想像力等，就屬於一般能力，它們在廣泛的範圍內影響著活動的效率。一般能力又可稱作基礎能力，特殊能力的發展離不開基礎能力（一般能力），發達的基礎能力又為特殊能力的發展創造了有利的條件。基礎能力可以幫助人自信的應付變化，以不變應萬變。作為一個現代人來說，選擇判斷能力、時間管理能力、創造能力、社交能力、資訊利用能力等，都是成功者所必備的素養。

第四，學會利用工具。在人類的發展史上，現代人之所以比古代人的適應能力強大，在於現代人更加善於利用工具，而現代人適應自然環境的能力之所以比適應社會、人際關係的能力發展快，基本上也是由於現代人在自然環境的面前比在社會環境裡更加善於利用工具。

第五，多參加實踐活動。人們適應能力的發展，往往離不開實踐的鍛鍊。書本知識是過去經驗的總結，它很可能與不停向前運行的實踐之間有相當大的差距。人應該經過實踐的鍛鍊以發展自己的適應能力。

第五節
保持獨立的軌跡，不要盲目跟風

著名作家余華曾說過：「從一條寬廣大路出發的人常常走投無路，從一條羊腸小徑出發的人卻能夠走到遙遠的天邊。」所以耶穌說：「你們要走窄門。」他告誡我們，「因為引到滅亡，那門是寬的，路是大的，走的人也多。引到永生，那門是窄的，路是小的，找著得人也少。」這些話背後都蘊藏著一個深刻的道理：做人應該保持自己的個性，不要盲目從眾。

在這個世界上每個人都是獨一無二的，你就是你，你無須按照別人的眼光和標準來評判甚至約束自己，你無須總是效仿別人，保持自我的本色，做一個真正的自我，這是最重要的。我們每個人的生活面貌都是由自己塑造而成的，如果我們能學會接受自己，看清自己的長處，明白自己的短處，便能踏穩腳步，達到目標。這樣就不至於浪費許多時間精力，控制別人對自己的印象。發現自我，秉持本色，這是一個人快樂的要訣。在生活中，你有沒有經歷過這樣的場面，大家一起討論問題，當你的觀點與其他人不同時，即使自己是對的，你是否放棄自己的意見而服從多數」；參加活動，為了和大家保持一致，你是否選擇了「委曲求全」。我們總是傾向於相信多數，認為多數人的行為和意見是正確的而懷疑自己的判斷。當我們個人的感覺與大多數人不一致時，為了使自己的看法不被別人認為「標新

立異」，常常放棄自己的看法，這種現象就是心理學上所說的從眾。

戴爾‧卡內基就這個問題請教過一家石油公司的人事主管，他曾對六萬多個求職者進行過面試，並且寫過一本《求職六訣》。他認為：「求職者通常犯下的最大錯誤，就是不能秉持本色。他們總是揣測對方期望得到什麼樣的答案，而不是直截了當的講出自己的想法。」但這就錯了，誰會要一個貨不真、價不實的用品呢？

從眾心理到處可見。在市場上，兩個距離只有幾步遠的水果攤，同樣的品種、品質和價格。如果甲攤前有一些人購買，乙攤前無人光顧，那麼後面的顧客就會不問青紅皂白擠到甲攤去，其心理往往是：甲攤的貨品一定比乙攤好，要不怎麼有這麼多人買？盲從不是靈活，靈活是發自內心的自我表達，而不是盲目的隨從別人。

有這樣一個民間笑話，講的是一場多邊國際貿易洽談會正在一艘遊船上進行，突然發生了意外事故，遊船開始下沉。船長命令大副緊急安排各國談判代表穿上救生衣離船，可是大副的勸說失敗。船長只得親自出馬，他很快就讓各國的商人都離船而去。大副驚訝不已。船長解釋說：「勸說其實很簡單，我告訴英國人說跳水是有益健康的運動；告訴義大利人說，那樣做是被禁止的；告訴德國人，那是命令；告訴法國人，那樣做很fashion；告訴俄羅斯人說，是革命；告訴美國人說，我已經給他上了保險；告訴臺灣人說，你看大家都跳水了。」

　　這則笑話令我們捧腹之餘，不難引發有關各國文化差異的思索，從中可以看出臺灣人比較喜歡盲從他人，不能堅持自己的原則。這個笑話可能有些誇張，但喜歡盲從的特點在生活中也不乏實例。

　　靈活做人，最容易進入盲從的誤解，做人千萬不能盲從，那樣最容易失去自我。要堅持自己的想法，堅持自己的原則，不要隨便就改變了原則。

第六節
巧用逆向思維，打破常規尋找出口

　　逆向思維是一種重要的思維方式。逆向思維也叫求異思維，它是對司空見慣的似乎已成定論的事物或觀點反過來思考的一種思維方式。勇於「反其道而思之」，讓思維向對立面的方向發展，從問題的相反面深入的進行探索，樹立新思想，創立新形象。人們習慣於沿著事物發展的正方向去思考問題並尋求解決辦法。其實，對於某些問題，尤其是一些特殊問題，從結論往回推，倒過來逆向思考，從求解回到已知條件，反過來想或許會使問題簡單化，使解決它變得輕而易舉，甚至因此而有所發現，創造出驚天動地的奇蹟來，這就是逆向思維的魅力。

　　在瑞士，一位傑出的企業家在總結自己的經營經驗時，不無感慨的說：「市場上，唯一不變的規律，就是市場處在永遠變化之中。」企業要在不斷變化的市場環境中求得生存與發展，唯一的出路就是不斷創新。創新的思維方法有很多，逆向思維就是其中一種。逆向思維的特點在於改變常態思維的軌跡，用新的觀點、新的角度和新的方式研究和處理問題，以求產生新的思想。運用逆向思維，最大的敵人是管理者或技術創新人員自己的思維定式和解決問題的模式已經固化，很難改變，總是按照原有的舊套路解決各種管理問題和技術問題，從上到下，從技術人員到操作工人，輕車熟路，與人們的惰性一拍即合。

因為用舊套路解決管理問題和技術問題，人人駕輕就熟，沒有風險不說，就是出了問題也可以把責任推到方法本身。所以，運用逆向思維進行創新，首先要戰勝自己。

日本豐田公司的精細生產方式就是典型的一例。

在汽車的生產管理中，豐田遇到的最大問題是產品產量如何與市場需求量相吻合，再來就是在生產過程中零組件的「過量生產問題」。因為傳統的汽車生產方式，都是把零組件加工作為「起點」，前道工序完成後把產品送到後道工序去，一直到總裝配線這個「終點」，其結果是前道工序不知道後道工序何時需要多少零組件，很容易造成產品過量生產，使後道工序成為中間倉庫，從而加大了生產成本，形成「過量生產」的浪費。如果按照一般人的思維模式解決這類問題，一定是加大市場資訊的準確性，加大管理工作中「計畫管理」這一環節的精確性。而豐田汽車公司解決這些問題卻成功運用了逆向思維和系統思維的方法。其中的關鍵是徹底改變傳統的工藝流程。

豐田公司的副總經理大野先生打破常規，勇敢的採取了「倒著做」的辦法，化「終點」為「起點」。即後道工序在需要的時候到前道工序領取所需數量的零組件的方法。因為最後一道工序總裝配線，市場行銷部門只要給總裝配線下達生產計畫，指出所需的車種、需要的數量、需要的時間，裝配線就可以按計畫到前道工序領取各種零組件。這樣就使製造工序從後到前倒過來運行，知道原材料供應部門都連鎖的、同步的銜接起來，從而恰好準時滿足市場需要。即使產品適應了市場，又能將管

理工時和生產成本減少到最低限度。大野先生的成功手段就在於戰勝自我，適應市場，而不是去適應原來的思維方式和管理模式。

運用逆向思維解決事業困境的事例不勝枚舉。這些事例告訴我們，如果鍋燒開了就要止沸，方法有兩個：一種方法是往鍋裡面加水，另外一種方法是，從灶裡抽出柴火，揚湯止沸和釜底抽薪有異曲同工之妙。面對激烈的市場競爭，那種一條道走到黑的思維方式，那種不撞南牆不回頭的行為方式，是很難成就一番事業的。

其實，每一件事都有利弊兩面，我們想要成功，往往只盯住某一個方向前進。有時不妨回頭看看，換一個角度，從另一面入手，或許也能「查漏補缺」，化劣勢為優勢，那麼，離成功也就不遠了。

第七節
耕耘內心田園，持續播撒智慧的種子

學習能力就是怎樣學習的能力，就是在環境和教育的影響下形成的、概括化的經驗。學習能力是人的能力的一部分，也是非常重要的一部分。它直接決定了人在進行學習活動時的成效，決定了學習活動的成功機率。現代的資源管理理論認為，學習能力是二十一世紀人才的重要象徵之一。

一個人具有學習能力，那麼人生的自由度就大。只要賺錢能學習，那麼一個人就可以賺到錢，只要幸福能學習，那麼一個人可以幸福，只要謀生手段能學習，一個人就可以得到謀生手段 —— 有可能，我現在認為有可能，什麼都是可以學習的，不幸的人只是因為學習能力差而已。學習能力差的第一表現就是不能自我否定。會學習的人，他們歡迎被質疑，因為這樣他們可以學到更多的東西。

學習能力差的人還有一個特徵，就是行動與思想不能達成一致，他的行為不受頭腦所控制，當他命令自己要解決一個問題，但他卻沒有任何行動。

很多因素影響著我們的學習能力，比如環境、家庭、社會等。培養學習能力需要注意以下四個方面：

第一，自制力。所謂自制力，就是自我控制的能力，就是一個人對自己思想感情和行為舉止的控制能力。一個人要想

做成大事，需要有穩定的情緒和成熟的心態。自制力弱的人，對於自己確立的目標常常不能堅持到底，做事容易情緒化，朝三暮四，高興了就做，不高興就扔在一邊，絲毫沒有計畫和韌性，不能堅持。這樣的人是很難成功的。人的一生中，充滿了誘惑。做作業時，看到別人在踢球；上街時，看到自己非常喜歡的東西大減價。這些誘惑中，有的是無害的，有的有一定的傷害，有的卻會對我們造成致命的打擊。當面對誘惑時，最為有力的支持來自你自己，內心堅定的自制力是抵禦引誘的有力武器，它使人從無能為力的受迷惑狀態中解脫出來，恢復對自身的控制，重新做自己的主宰。

第二，自信心。人格由多種具體的心理因素所組成，比如說：成就感、榮譽感、責任感、求知欲、自尊心、自信心、自制性等。自信心是人格中的一個重要組成部分。什麼是自信心呢？簡單的說就是相信自己一定能夠做成某件事的心理品質。自信心使人積極主動的表達自我價值、自我尊重和自我理解。不管是在學習中還是在生活上，自信心對我們都有著重要的作用。自信心強的人，他會堅定自己的信念，為達到自己的目標而不懈努力；在與人的交往中，能豁達的表達自己，對他人沒有攻擊性；能夠從容的對待失敗，不會因失敗而放棄自己的信念；在生活和工作中樂於與他人交往，結交大量的朋友。從本質上來說，自信心是取得成功的金鑰。所以，充滿了自信心，學習便成功了一半。但在實際生活和學習中，我們的自信心卻無時不被消磨，這就需要我們隨時注意增強自己的自信心。

第三，學習興趣。興趣是人們努力認識某種事物或從事某種活動的傾向，通常表現為人們對某項事物或者某種活動的積極情緒。人的興趣不是與生俱來的，它是在人們的實踐中逐步產生和發展起來的。興趣可以使人集中注意，產生愉快、緊張、積極的心理體驗。這對人的認知和實踐活動具有非常積極的影響，可以使人提高工作的品質和效果。著名心理學家杜威就把興趣看成是活動的原動力。

第四，身體素養。「身體是革命的本錢」。身體素養並不是每天吃兩顆蛋，早晚喝兩杯牛奶，或者再喝點營養品就能提高的，要想提高我們的身體素養，增強我們的機體活力，就必須透過一定量的體育鍛鍊才能達到。

總之，學習是我們汲取知識的重要手段，我們只有增強自己的學習能力，才能在未來的激烈競爭中站穩腳，實現自己的理想。

第八節
終身學習，並且樂在其中

「改變」是一切進步的起點。「學習」是改變成功的因素。不要沉湎於過去的成功，趁著還有時間，去學習我們能學會的事。這樣，我們才能有良好的觀點，才能衡量我們所經歷過的變化究竟是正面還是負面的，而且我們所衡量的依據不再是恐懼，反而會是某種機會意識。

面對各式各樣來自世界各地並與日俱增的資訊量以及這些資訊的裂變，「資訊社會」的人們真的有些茫然了。今天，學習意味著什麼？是以皓首窮經的絕大勇氣和毅力去掌握那些無窮無盡的知識嗎？人們也疑慮，人在創造出知識又享受了知識帶來的種種好處的同時，是否還能駕馭知識？是否可能被知識所奴役，即知識成為人的異化力量？事實證明，這些困惑和擔心並非全是多餘的。我們不是已經看到，在一個硬碟可以裝下一個小型圖書館的同時，學生的書包卻越來越大嗎？知識的迅速增長和更新，使人不得不在學習上付出更多的努力。經過苦苦探索，人們在「終生教育」問題上達成共識，並使「終生教育」思想成為當代世界的一個重要教育思潮。學習是一個終生的過程，包括人一生的全部時間。學會學習首先就要把學習作為個人的終生需要，學習是現代人生活的一個組成部分，在某種意義上甚至可以說，學習是現代人的生活方式。

但是，學什麼、怎麼學，這些問題更為重要。學什麼？應著重於學習有利於提高人的全面素養的知識。怎麼學？要著重於提高解決實際問題的能力！學習的價值在於把一個人在體力、智力、情緒、倫理各方面的因素綜合起來，使他成為一個完善的人。所以，未來的文盲不再是不識字的人，而是沒有學會怎樣學習的人。生存是發展的前提，在當今世界學習則是生存的方式。

克服無知，掌握真理，離不開學習。要善於學習，關鍵是懂得讀書。書本知識，是人類思想與智慧的結晶，世界上的大思想家和大發明家，都從書堆中來，再回書堆中去。因書本與人類關聯之親密，所以古代學者多把書本當做人類的朋友看待。史曼兒說得好：「一個人常常靠他所讀的書而出名，正像他靠著所交的朋友而出名一樣；因為書本和人們一樣。也有友誼。一個人應該生活在很好的友伴中間，無論是書還是人。」

善於學習，不僅僅要停留在書本上，還要善於向生活學習，向社會學習。詩人高法萊便把人生當做書本來看，他說：「一個人好像一本書，人誕生，即為書的封面；其洗禮即為題贈；其啼笑即為序言；其童年即為卷首之論見；其生活即為內容；其罪惡即為印誤；其懺悔即為書背之勘誤表。有大本書，有小冊的書，有用牛皮紙印的，有用薄紙的，其內容有值得一讀的，有不值得讀的。可是最後的一頁上，總有一個『全書完』的字樣。」

學習還得注意方法。有一個很有意思的實驗：當一個人閉

起眼睛走路，如果走的是二十公尺的直線，那麼無論是誰，最多也只會偏離一公尺左右。但是，一旦要走一百公尺的直線時，那麼很可能到後來就會在原地打轉了，雖然自己也會有調整方向的自覺，卻無法避免不走曲線的情形，最後只有盲目的繞圈子了。這種現象在人生之中常常發生。關於一個永遠在「繞圈子」的人生，有人這麼評論道：「每天所做的事就像是演員上了舞臺，正在扮演所交代下來的角色罷了。」

在日常生活中，也常出現這種原地打轉的例子。有些人自以為聰明，認為自己已掌握大量的知識，他們不願意再學習，或者有些看上去在學習，但由於方法不對，目的不對，他們仍然在原有水準上或只在原有水準附近搖擺，但又不願意承認自己無知，故盲目亂撞，從而出現原地打轉的情況。要打破原地打轉的局面，需要人們重新審視自我，訂正目標，改進方法，善於學習。

從根本上說，現在的社會生活需要每個人都樹立終身學習的信念，不能抱著過去的那種認識，只要從大學裡出來，混一張文憑，這一輩子就夠用了。生活在往前走，你不能在原地打圈圈，你也必須跟著往前走，只有終身學習，不斷的去適應生活、創造生活，你的人生才能更有意義，終身學習是一種人生信念。

第十二章
你的野心夠「精準」嗎？

在工作中,多數人都會有野心、有欲望,只是程度不同而已。然而,職位有限,並不是每個有野心的人都能坐到理想中的高職位,因此,競爭是避免不了的。從心理學的角度來看,野心有提高自我評價、增強自信心的作用。所以,適度的野心對成功有促進作用。但是,過於強大的野心可能對事業帶來反面影響,同時,野心過大的人在達到目標時,還有強加他人的傾向。研究顯示,強大的野心實際上是靠成功隱藏自卑感受的心理反映。

AMBITION

第一節
野心就像烹煮佳餚，適量最美味

　　在生活中，如果你形容一個人有雄心，那就表示他很有抱負，他會很高興。如果你形容一個人有「野心」，那就表示這個人占有欲很強，好像要搶走別人的東西似的，他會很不高興。自古以來，「野心」在多數情況下是個貶義詞。不過，現在有心理專家研究顯示，「野心」是成功的關鍵因素。

　　「野心」要適度。在對待「野心」這個問題上，如何做到既促成事業進步，又不傷害別人的利益和自身健康？那就是保持適度。為了做好事業，我們一定要懷有「野心」，對於未來要抱有良好的願景，只要可能，都不妨嘗試，這樣才能更好的發展自己。但如果這種「野心」是以挖別人牆角為前提，或者透過損人才能利己，那就要把這種「野心」放在道德和法律的規定範圍內，懂得控制自己。另外，要對「野心」進行引導，在「零和」環境中，你多一點，別人就少一點，所以「野心」始終不受歡迎。而現在飛速發展的社會，創造了雙贏的模式，你的「野心」對於開疆拓土、探索未來領域，有不可或缺的作用。在那裡，有「野心」的人是英雄。但「野心」過大，會造成嚴重的心理負擔。當現實不能滿足自我的要求時，就會產生焦慮、暴躁、敵意、對抗情緒，對外影響人際關係，對內則損害個人健康。

　　有研究顯示，Ａ型性格的人（通常指那些脾氣比較火暴、
有闖勁、遇事容易急躁、不善克制、喜歡競爭、好鬥、愛顯示
自己才華，對人常存戒心的人），也就是成功欲望強、「野心」
大的人。這類人易患心臟病、高血壓、胃潰瘍等疾病。「野心」
沒有止境，所以要懂得將它調整在一個合適的限度之內，讓它
充分發揮對人的激勵作用而不傷害人。

第二節
野心和理想，傻傻分不清

　　很多在事業上取得成功的人都具有很強的「野心」。比如：如果一個銷售人員具有「野心」，他會在銷售工作中充滿熱情，會更容易抵達成功的彼岸。野心是什麼？野心就是目標，就是理想，是賺錢的原動力！美國哈佛大學的畢業生有一個共同的特點，就是都有著自命不凡的心態和野心！「世界最優秀的人才是我們！」「我能成為世界上最大、最好的公司的 CEO ！」這種野心，成為哈佛的寶貴財富，造就了一批又一批政治家、科學家和工商管理界菁英。

　　但是，野心和理想又有很大不同。野心有時是一把雙面刃，被不同的人擁有會造成截然不同的結局。對有的人來說，理想就是野心，野心就是理想，沒什麼不一樣。曾聽一位生意人說：「人要有野心，有野心才有動力，野心越大動力越大，事業才越大。」這話不錯，也已經被很多人證明過。但是在我們的社會中，還有一些人，他們的野心和我們今天談的野心就相去甚遠。在世界歷史上，納粹的頭目希特勒、軍國主義分子東條英機都曾是野心勃勃的人。他們的野心都在某階段得到了滿足，希特勒的第三帝國，東條英機的大東亞共榮圈，但是，最終他們都翻車了。就像一個氫氣球，它的野心是至高的天空，在上升的過程中，它受萬眾矚目，令人羨慕，但是，總有一個

高度是它的極限，在這個高度上，它被自己的膨脹而炸裂了。所以理想和野心，還是有所不同的。

理想是美好的，野心就不一定。理想更偏於想，而野心已經是一種衝動。理想是常溫的，野心近於發燒。理想是建設性的，野心卻充滿摧毀的力量。理想有實現的時候，野心永不停息。理想一旦確定形成，就要有恆心和毅力堅持，不可輕易改變。而且理想必須是正確的、可行的，錯誤的目標往往帶來的不是成功，而是致命的傷害。每個人都有自己的人生觀和價值觀，正確的人生態度就是在你回首往事的時候，認為你當年所建立的總體目標是正確的，在奮鬥的過程中沒有偏離大的方向，即使是沒有取得巨大的成就，我們的人生依然是充實的，那就說明我們沒有偏離理想燈塔的指引。

在人類的發展史上，有一件事始終是存在的，那就是爭鬥或者叫競爭。不是你贏，就是我輸。不是你死，就是我活。人與人之間如此，單位與單位間如此，民族與民族間如此，國家與國家間，也是如此。爭資源，爭市場，爭位置，爭客戶，沒完沒了，無窮無盡。每一個爭鬥背後，都有一個理想，都有一個野心，都有一個很充分的理由。

第三節
效法狼的狩獵遊戲

人們常用「狼子野心」形容那些本性歹毒，居心叵測的人，那為什麼說狼有野心呢？狼的野心和其他動物有什麼不同呢？作為一種古老的物種，狼能存活到今天，不能不說牠們的生命能力之強。如果站在「存在即合理」的哲學觀點上，人可以從狼的身上借鑑到一些什麼樣生存法則和做人的道理呢？

第一，狼是有野心的。在狼的世界裡，沒有捕捉不到的獵物，就看你有沒有野心去獵捕；同樣，我們人也一樣，沒有完不成的事情，就看你有沒有野心去做。明代哲學家王陽明曾說過：「志不立，則天下無可為之事。」立志、工作、成功是成就事業的三大要素。立志是事業的大門，工作是登堂入室的旅程，這旅程的盡頭有個成功在等待著。對自己的要求高，取得的成就就大；對自己的要求低，取得的成就則小，甚至一事無成。現在的企業需要穩妥踏實的員工，但是更需要有活力、有創意、有進取心的員工！

第二，狼的奮鬥精神。狼在沒有獵物就去尋找獵物，發現獵物就去追逐獵物。尋找、發現、追求、收穫──就成了狼的生活的主要內容。一個人活在世界上要有自己的目標，要承擔自己的責任。那些有奮鬥精神的人知道自己的目標是什麼，自己該做什麼，他們在生活、學習和工作當中沒有絲毫的猶豫和

遲疑。人是為了一個個大大小小的目標而活著。愛默生說過：「當一個人知道自己要去哪裡時，整個世界就會為他讓路。」強烈的目標意識，使你超脫紛繁複雜的俗事，產生無窮無盡的力量，積極的採取行動，主動克服生活中的困難，主動發現機會，練就獨特的智慧。明確了一生朝哪個方向走，決心成為一個什麼樣的人，就能夠控制自己，使言行服從和服務於自己的人生目標，而排斥同目標相對立的各種誘惑。有些誘惑之所以有誘惑力，就是因為它能充分展示表面的、暫時的利益。目標遠大、且不達目的絕不甘休的人，最終能成為社會的頂尖人士、各行各業的領袖。

第三，狼知道控制自己的野心。狼在面對上萬隻的羊群，面對凶猛的老虎時，都能毫不退縮，但是面對人類的槍口，適當的轉移是明智的。野心不是硬闖蠻幹，實力懸殊的時候，或者當競爭的法則不再公平的時候，退卻是保存實力的最好方法，是另一種生命的智慧。野心是狂熱、自信與理想的結合體。野心往往是靠能力支撐的，而妄想則缺乏這一點。有野心、有理想的人，他們的「野心」是建立在現實基礎上的，所以，他們往往勇於承認自己的錯誤和不足，正視缺點，並且透過不斷的彌補自己的缺點來取得最後的成功，實現自己的野心。野心是一種向前的意識，而妄想則是一種錯誤的個人信念。野心是一種積極的心理，妄想則是一種病態的心理。

第四，狼只制定最可行的計畫。對狼來說，追逐獵物僅僅靠猛跑是不夠的，尤其在對付大群獵物的時候，必要的準備和

步驟是獲得成功的基礎，而謀劃是實現這一切的唯一保障。人也是一樣的。在職場上，每位員工都應該以積極的心態做事，以老闆的心態看待公司的事，把公司的事情當成是自己的事來辦！樹立學習心態，利用閒暇時間多學些東西，如外語、辦公軟體等。給自己制定一個完善的人生計畫也是必要的，還要會把這個長遠的目標分成若干階段。「志當存高遠」，我們的理想應該遠大，但是這種遠大千萬不要成為我們成長的包袱。把遠大的理想分成若干部分來一步一步實現是最好的辦法。不管心理素養多強的人，經常保持一點成就感更容易激發自己的鬥志。理想太遠大了，我們往往就會忽略平常的一些小的成就。別小看這些小小的鼓勵和欣喜，它們對調節人的情緒有很大作用。制定的人生計畫必須具有可行性。制定人生計畫必須要在實際當中行得通。在制定計畫的時候，一定要在各方面留一定的緩衝餘地。計畫做好後，最好能請專家或者經驗豐富的人指點一二。

第四節
往後跨一步，是為了下次大步向前

　　一直以來，人們推崇在前進的道路上堅持不懈的行為，而鄙視半途而廢甚至後退。但有這麼一位美國女孩，她在音樂方面獨具天賦，卻只因為一次表演的失利，而在追求音樂夢想的道路上打了「退堂鼓」！當時，無數的人為其感到惋惜，但她卻將眾人的唏噓聲遠遠的拋在身後，獨自開始了嶄新的人生追求——國際政治。她熱衷於這一領域，並為之努力奮鬥。終於，長大後的她被提名國務卿，並被媒體稱為華盛頓「最有權力的女人」。她就是美國《富比士》雜誌評出的世界一百名最具影響力女性中名列榜首的康朵麗莎‧萊斯。世人萬萬想不到，正是這可貴的「退堂鼓」，讓萊斯尋到了人生新的支點，如鳳凰涅槃般的獲得了新生。

　　執著於人生的夢想，需要勇氣與智慧。但埋葬舊的夢想，告別舊的自我，孕育新的夢想，徹底否定原本的自己，更需要如壯士斷腕般激烈的勇氣。人生的「退堂鼓」，不是消極的退縮、目標的搖擺，而是積極的突圍。有人不敢輕言「退堂」，只是因為對自己的優點和缺點甚至人生的目標茫然無知，只得無助的固守罷了。

　　以退為進，在找到自己的正確位置之前，我們可以嘗試多種選擇，但當我們發現選擇並不符合自身的目標時，不妨學學萊

斯，埋葬舊的夢想。與其說人生可貴的是能發現自己的優點，不如說可貴的是發現自己的缺點並藉此找到自己人生的座標。

在奔流的歷史長河中，有許多功成名就之人在人生如日中天時選擇了急流勇退。他們的「退」中蘊涵著巨大的智慧。

「退」中蘊涵著「生」的智慧。古時，越王勾踐在大夫范蠡和美女西施的幫助下打敗吳國，一雪前恥。待他吞併吳國後想封范蠡為相，可是范蠡卻拒絕了，甚至還深夜出逃，隱姓埋名。因為他很清楚勾踐「只可同貧賤，不可共富貴」，范蠡及時抽身是明智的。但史上也有很多人，貪圖一時的榮華富貴而枉送性命。南北朝時，北齊名將蘭陵王驍勇善戰，一次又一次的為北齊立下汗馬功勞。但他不願及時離開，以退為進，最後竟被一杯毒酒毒死。想想，如果有一個人功高蓋主又握有兵權，皇帝能放心讓他留在身邊嗎？蘭陵王正是因為一心以進為進，終遭慘禍而化為一抔黃土。只有真正明白何為「退」的功臣，才能保全性命，繼續在歷史的長河中發光發熱。

「退」中蘊涵著「自由」的智慧。戰國時，莊子獨居濮水之濱，楚王派使者來請他出山為相，莊子屢次拒絕，表現了他不追求功名利祿，而是以自由為樂的思想傾向。莊子不因一個小小的「進」字而放棄自由自在的生活，他寧願「退」，偏居一隅，忘卻凡塵俗事。同樣具有這種思想的還有晉朝的陶淵明，他只當了八十多天的縣令就「退」隱了。「退」給了他更為廣闊的天空，讓他在詩壇上開闢了「田園詩派」，留下了千古傳頌的詩篇。

　　「退」中蘊涵著超脫的智慧。唐朝元帥郭子儀平定「安史之亂」有功，不免狂妄自大起來。一日築牆，他吩咐師傅將牆砌牢，那師傅竟回嘴說：「等你人不在了，我的牆還依然好好的立著呢！」郭子儀愣住了，他從築牆師傅身上讀到了「退」的智慧，立馬向皇上提出辭官歸故里。正因為他頓悟了「退」的真諦，大徹大悟，才看破了功名利祿下的爾虞我詐。

　　「以退為進」是智者的選擇。只有真正有智慧的人，才能領略到「退」之後生命的廣闊無垠。

第五節
帶著愛心前行，為生活添加一份暖意

有愛心是做人的基本要求。有愛心的人做事情，不僅考慮個人利益，而且會充分考慮他人利益和社會公共利益，並將個人利益與他人利益、社會公共利益進行合理的平衡，能夠合情合理處理問題。其結果，人際關係好、朋友多、社會關係和諧。沒有或缺乏愛心的人，做事或處理問題往往只顧個人利益，不考慮他人利益或社會利益，缺乏社會公德心，其結果利己損人，長此以往，將會累積眾多矛盾，影響社會和諧。

做人要有愛心，做成功人士更要有愛心。因為愛心是一切事業成功的金鑰，它具有無與倫比的力量，沒有人能夠抵擋它的威力。愛心能使你在成功的道路上披荊斬棘，所向披靡。因為愛心會使你在做事時能充分考慮他人、同行、社會等方面的利益，會使你恪守誠實守信、互惠雙贏的經營原則。愛心會放大你的社會責任，使你更加依法經營，千方百計、不斷提高產品品質，不斷完善售後服務，創造完美產品，實現完美服務，最終使你的事業不斷創造出新輝煌。愛心會不斷充實你的心靈，促使你還要成為一個偉大的慈善家，讓更多的人享受你成功的快樂。

清朝有名的晉商喬致庸之所以能成為一個成功的商人，一個重要原因就是他有一顆仁愛之心。喬致庸以天下之利為利，

開票號實現匯通天下的目標，不是為了自己發大財，而是為了方便天下商人。開拓武夷山茶路不僅是為了自己發財，更多的是考慮如何解除廣大茶農的生活之困。當有人出高價收購他經營的茶市時，他毅然撤出，這是一般的商人很難做到的。大災之年，他開粥棚救濟十萬災民，家人與災民同鍋喝粥，為了支撐粥棚幾乎傾家蕩產。在喬家門前，常年拴著三頭牛，誰家要用，只需招呼一聲，便可牽去用一天；每年春節前夕，喬家大門洞開，喬致庸會拉出一扇板車，滿載米、麵、肉，誰家想要，只要站在門口招招手，便可隨意取去。喬致庸就是憑著一顆仁愛之心，凝聚了一大批鐵桿夥計，他雖然多次歷經災難，幾乎家破人亡，但這些夥計卻全力以赴、鼎力相救，一次次使他轉危為安、化險為夷，沒有夥計在危難時刻離他而去。這全是仁愛之心使然。

「愛人者，人恆愛之；敬人者，人恆敬之。」這句文字意指一個人只有真誠的關愛別人，才能得到別人永恆的愛；一個人只有真誠的尊敬別人，才能得到別人永恆的尊敬。相反，如果一個人不愛別人，那麼也不會得到別人的愛；如果一個人不尊敬別人，那麼也不會得到別人的尊敬。愛與敬是雙向的，沒有播種就不會有收穫。

有愛心的人會愛世間的一切。愛太陽，它溫暖人們的身體；愛雨水，它洗淨人們的心靈；愛光明，它為人們指引道路；愛黑夜，它讓人們看到星辰；愛野心勃勃的人，他們創造財富靈感；愛失敗的人，他給人們教訓；愛帝王將相，因為他們也是

凡人；愛謙恭之人，因為他們非凡；愛富人，因為他們孤獨；愛窮人，因為窮人太多了；愛少年，因為他們真誠；愛長者，因為他們有智慧；愛漂亮的人，因為他們流露著美麗；愛醜陋的人，因為他們有顆寧靜的心。有愛心的人能看到萬物的可愛之處，滿腔深情的去愛，使人類社會到處都充滿陽光和溫暖。

有愛心的人會不吝於讚美。因為讚美有利於事物向好的方面轉化，讚美敵人，敵人可以成為朋友；讚美朋友，朋友可以成為手足家人。如果人人都心存感激，滿懷愛心，不搬弄是非，道人長短，經常去讚美他人，那麼人與人之間的關係會更加融洽，社會就更加和諧和美好。

第六節
凡事物極必反，找到平衡才能走得更穩

　　有人會說這個「度」字太圓滑，太世故，讓人很難把握。但世事紛繁，人生艱難，只能把握這個字，並且不得不把握這個字。潮漲後潮落，花開後凋謝，月盈後月虧，自然的一切，有其恆定的規律。世間的事物，也有其平衡的支點，因此，做任何事情，都不可過度。

　　官不能做小，但也別做太大。官當的小了，別人會瞧不起，做的太大了，裝腔作勢，假話連篇，甚至貪汙受賄，半生清名毀於一旦。錢不能賺的太少，也不能太多。賺的太少難以養家糊口，賺的太多容易生邪念犯錯誤，受有心人覬覦。愛一個人不能太淺，也不能太深。太淺了品嘗不到愛情的滋味，太深了容易失去自我。書不能讀的太少，也不能太多。讀的太少沒知識沒品味，讀的太多會成為書呆子。待人不能不真誠，但也不能太真誠。待人不真誠，會使朋友都離開你，待人太真誠，朋友反而不相信你。人不能太糊塗，但也不能太聰明。太糊塗別人會認為你笨、不開竅，太聰明了會聰明反被聰明誤。花要半開，酒要半醉，飯要半飽……總之無論做人或做事，都要適度，不能太滿，不能太缺。凡事有度，是審時度勢，是進退自如，一種智慧，一種修為。

　　古人云：「寒極不生寒而生暑，暑極不生暑而生寒。」萬事萬物一走入絕對和極端，就不能達到預期的結果和目的。古今中外，「物極必反」的例子比比皆是。柳宗元的〈種樹郭橐駝傳〉中記錄了郭橐駝獨特的種樹方法。他種樹不似他人般愛之太深、憂之太勤，而是栽種之時認真無比，栽好之後再不擔憂。出人意料的是，他的樹卻枝繁葉茂。由此可見，將事做好的最高境界，便是將其做至恰到好處。做事既是如此，做人亦應如是。

　　日本一流劍客柳生在拜師學藝時，曾與其老師宮本武藏進行過如下的對話。

　　柳生：「師父，根據我的資質，要練多久才能成為一流的劍客？」

　　宮本：「至少十年。」

　　柳生：「如果我加倍練習呢？」

　　宮本：「那就要二十年。」

　　柳生狐疑了，問：「假如我晚上不睡覺，夜以繼日的苦練呢？」

　　宮本：「那你根本不可能成為一流劍客。」

　　這些事例便很好的展現了「物極必反」的道理。人總是有各種欲望，都嚮往更好的未來，都不滿足於現實生活。但是為了追求自己力所不能及的欲望而不擇手段，常常竹籃打水一場空。比如：想當官，有人出錢買；想成名，有人用身體買；想變富，有人用靈魂買。當太陽升起，光明劃破黑暗後，賣官的

人被查出賄賂了，褫奪公權終身甚至付出生命；買名的人被曝
光了，他的醜聞也將公布於眾，蒙羞背負罵名。

　　被欲望驅使不是錯，錯在太絕對，太極端，如果這樣過度
追求欲望的滿足而不計後果，那勢必會走向反面。「在純粹的
光明中，就像在純粹的黑暗中一樣，什麼東西也看不清。」凡
事物極必反。

第七節
過量的野心,無聲無息吞噬自己

「野心」是人類行為的推動力。

拿破崙說:「不想當將軍的士兵,不是好士兵。」這說的是「野心」。所謂「野心」,是以獲得好成績的誘惑來激勵自己。從心理學的角度來講,成績又有提升自我評價、增強自信心的作用。如果在工作、學習上缺乏野心,將很難取得大的成就。然而,過度強大的野心會產生副作用。美國科學家史奈特曾經做過一項有趣的實驗,證實了太大的野心會妨礙成績的結果。

這一實驗是依據不同的動機,將被實驗者分成三組,各組按照指示解決相同的問題。

第一組,只要自己解決完問題就沒事了。這項指示引發不起任何野心。

第二組,答對了就有一百元獎金。這項指示使野心開始蠢蠢欲動。

第三組,為了刷新解答所需時間的紀錄,越快答完越好。除此之外,還有兩千元獎金。這引發了強烈的野心。

由實驗結果可以得知,野心不大不小者的成績最好。伴隨著野心的強大,精神過度興奮,對完成能力產生了副作用。

強大野心不僅對成績帶來負面的影響,還損害人際關係。

野心強大的人在實現自我目標的過程中，往往忽略了其他人的感受和利益。因為，他集中精神在目標上，所以對不相關的人就會漠視。

野心適度即可。那如何才能使自己擁有適度的野心呢？下面的建議或許對你有所幫助。

第一，設定可能達到的實際目標。沒有強烈的動機反而能做好更多事。由此可知，野心應符合自己的個性，不必強求。周圍的人對自己的期望不太滿意時，往往會失去自信，偶爾會有更大的野心。因此，首先要檢討對自己的要求是否合乎實際，如果超出實際，必須立刻改進。過大的野心會影響健康。目標定得太高，被不可能實現的強烈野心侵蝕，結果容易罹患腸胃潰瘍等疾病。現實的設定能夠獲得成大事的目標，而且盡量以得到顯著成果為主。

第二，成為成大事者的同時，不要輸給「勝利效應」，也就是說，不要在勝利的榮譽中沉溺太久。

第三，成大事需要付出極大的努力，但不要持續的為取得好成績而給自己施加太大的壓力。偶爾找個時間放鬆一下，「跳出努力的圓圈」。唯有這麼做才能把能力發揮到最高點，沒有人能夠永遠使能力處於巔峰狀態。切忌採用消耗過多能力的方法，否則只會得到「拼命三郎」的稱號。

第四，通常成大事者會加速下一次成果的出現，但只有保持平常心才能保證不退步且維持好成績。

　　有野心不是壞事，但是如果野心太大的話或許會迷失自己的心！這樣是很危險的！沒有野心的話，或許會失去生活的樂趣！這樣也是很危險的！所以應該學會控制自己的野心，保持適度的野心，控制自己欲望，享受愉快的生活！

第八節
終止不愉快的想法，對社會盡心盡責

　　社會責任感就是在一個特定的社會裡，每個人在心理上對他人的倫理關懷和義務。社會並不是無數個獨立個體的集合，而是一個相輔相成不可分割的整體。沒有人可以脫離人群獨自生活。所以我們一定要有對社會負責、對其他人負責的責任感，這樣才能使社會變得更加美好。

　　在現今的環境中，除了一些抱怨和謾罵之聲，真正有社會責任感的人並不多。造成這局面的原因可能是多種多樣的，但是有一個不可忽視的原因就是，很多人都缺少對社會、對他人的責任感。這不能不說是一種悲哀！

　　網路上總有人在抱怨，我們不能去批評這些抱怨的人，因為每個人都有言論自由及不相同的境遇，儘管他們的聲音不太和諧，但他們講出了自己的心裡話。對那些有「野心」想去做一番事業的人，不管是年輕人，中年人，甚至是老年人，筆者有些話與大家共勉。不管我們生活在怎樣的環境中，我們總要生存下去，既然要活下去，與整個時代過不去總是件不愉快的事。所以，我們應該向前看。要透過自己努力，提高自己的生命品質。其實，不管是上班族也好、創業者也好，每個人都在無形中為社會創造著財富，不過有時候我們卻很迷茫，自己辛辛苦苦賺來的錢，最後全花到房貸、車貸、結婚、養兒育女

身上了，等自己老了，卻什麼也沒得到。如果說這個社會是一個機器，我們每個人都是機器上一個零組件，大到一個把手，小到一顆螺絲，每個零組件都不可缺少。我們要想到，今天我們所做的工作，讓我們所在的企業生存了下去，企業生存下去了，才讓我們的社會財富增加。也就是說，我們的努力，都是在為了發展、為社會的進步作貢獻。如果有這樣自豪的社會責任感，每個人都會十分努力的工作了。從現在開始，讓我們都去尋找一份社會責任感，不管你是誰，帶著這份責任感去工作，去創業，你一定不會覺得累，一定會做得很好。

電子書購買

爽讀 APP

國家圖書館出版品預行編目資料

大野心家，野性的智慧——生命的不屈力量：信心與野心的融合，成就非凡人生，探索內在野性，釋放無限潛能 / 王郁陽 著 . -- 第一版 . -- 臺北市：財經錢線文化事業有限公司 , 2024.02
面；　公分
POD 版
ISBN 978-957-680-759-6(平裝)
1.CST: 自我實現 2.CST: 成功法
177.2　　113000956

大野心家，野性的智慧——生命的不屈力量：信心與野心的融合，成就非凡人生，探索內在野性，釋放無限潛能

臉書

作　　　者：王郁陽
發 行 人：黃振庭
出 版 者：財經錢線文化事業有限公司
發 行 者：財經錢線文化事業有限公司
E - m a i l：sonbookservice@gmail.com
粉 絲 頁：https://www.facebook.com/sonbookss/
網　　　址：https://sonbook.net/
地　　　址：台北市中正區重慶南路一段六十一號八樓 815 室
Rm. 815, 8F., No.61, Sec. 1, Chongqing S. Rd., Zhongzheng Dist., Taipei City 100, Taiwan
電　　　話：(02) 2370-3310　　傳　　　真：(02) 2388-1990
印　　　刷：京峯數位服務有限公司
律師顧問：廣華律師事務所 張珮琦律師

定　　　價：420 元
發行日期：2024 年 02 月第一版
◎本書以 POD 印製